江苏省教育科学"十二五"规划立项课题
"丰富生命体验的初中生学习成就提升研究"成果

苏州市振华中学校本教材

丛书主编 周 颖

诚朴仁勇

本书主编 沈 涛 王 嶸

江苏大学出版社

镇江

图书在版编目(CIP)数据

诚朴仁勇 / 周颖,沈涛,王礫主编. —镇江:江
苏大学出版社,2012.12
ISBN 978-7-81130-433-6

Ⅰ.①诚… Ⅱ.①周…②沈…③王… Ⅲ.①德育—
中学—教材 Ⅳ.①G631

中国版本图书馆 CIP 数据核字(2012)第 316354 号

诚朴仁勇

丛书主编/周　颖
本书主编/沈　涛　王　礫
责任编辑/芮月英　朱汇慧
出版发行/江苏大学出版社
地　　址/江苏省镇江市梦溪园巷 30 号(邮编:212003)
电　　话/0511-84446464(传真)
网　　址/http://press.ujs.edu.cn
排　　版/镇江文苑制版印刷有限责任公司
印　　刷/扬中市印刷有限公司
经　　销/江苏省新华书店
开　　本/787 mm×1 092 mm　1/16
印　　张/7
字　　数/119 千字
版　　次/2013 年 1 月第 1 版　2013 年 1 月第 1 次印刷
书　　号/ISBN 978-7-81130-433-6
定　　价/22.00 元

如有印装质量问题请与本社营销部联系(电话:0511-84440882)

序

　　九月，金色闪耀在田间枝头，辛勤的耕耘在此时结出累累硕果；在这美丽的季节，苏州市振华中学校在优化课程实施教学的探索之路上收获了喜人的成果——学校首套校本课程系列教材即将付梓。这套校本教材是由骨干教师组成的团队编写，经过一年的试用，多次修订而成的；共有四种五本：《诚朴仁勇》《姑苏灯彩》《仰望星空》《看世界（七年级）》《看世界（八年级）》。

　　国家《基础教育课程改革纲要》规定："为保障和促进课程适应不同地区、学校、学生的要求，实行国家、地方和学校三级课程管理。"这就打破了以往学校完全按照国家设置的课程来实施的局面，也对学校提出了一个全新的课题。苏州市振华中学校在全面深化素质教育、培养拔尖创新人才的大背景下，依托自身资源优势和特色，充分利用乡土文化资源，发掘自身历史文化底蕴，构建了一种以学生为主体、教师为主导的校本课程体系，使课程具有多层次满足社会发展和学生需求的功能。苏州市振华中学校作为一所直属公办初中校，不仅在承担教育普及任务上为苏州教育作出了贡献，而且在教育改革的道路上孜孜求索。这套校本教材的开发和相关课程的实施，充分显示了学校在教育改革上创新的思路和勇气。

　　这一套教材注重开阔学生的眼界，着眼于学生思想道德素养的提高、综合实践能力的增强和科学与人文素养的提升，这也正切合了学校"夯实基础、激发潜能、发展特长"的育人理念。如德育课程教材《诚朴仁勇》，学校重新以一百多年前振华女中时期提出的"诚、朴、仁、勇"作为校训，并赋予这四个字更为丰富、更加符合时代精神的内涵；在这个基础上，创造性地构建了校训德育课程，编写了这本教材，把它作为学校实施德育的重要依据。《看世界》是全英文教材，内容生动、图片丰富，介绍了各国风土人情、历史文化、教育现状等，可以帮助学生深入了解当今多元文化的国际背景，培养学生运用他国语言交流的能力，满足学生学习需求和社会发展需要。《姑苏灯彩》是具有苏州文化特色的校本教材，有利于地方文化的传承。《仰望星空》可以拓展学生天文地理方面的知识。这些课程的实施，丰富了学生的校园生活，营造了灵动美好的校园文化氛围。

教育是一种理想、一种使命、一股激情。可以说，学校的领导和老师们满怀教育的热情，用自己的智慧和汗水向着教育理想迈出了可喜的一步。在实施校本课程的过程中，学校将会建立教与学的评价体系，不断完善教材、优化实施，充分挖掘课程价值，提升教学效果。希望这些课程作为鲜明的特色之一，能成为苏州市振华中学校这个优质教育品牌的亮点。

周颖

2012 年 9 月

前 言

苏州市振华中学校从创办之初到现在已经度过了一百多个春秋。一个世纪前,王季玉先生在美国取得硕士学位后,为继承母志,回到了苏州,回到了振华女校,接过了母亲创办的"振华",从此,一个弱女子怀着振兴中华的梦想,走上了艰辛的办学之路。在季玉先生的引领下,学校历经磨难而得以发展,始终把"诚、朴、仁、勇"作为自己的校训,不仅传授学生知识,培养他们的能力,而且根据学生个性实行健全的公民素质培养,使学生全面发展。往事并不如烟,季玉先生,以及像季玉先生那样的振华人,感动着一代又一代的莘莘学子,不断丰富着振华的文化精神。

当时代的车轮驶进21世纪,振华中学焕发出蓬勃的生机。今天,振华中学已经成为一所社会认可、家长欢迎的优质初中学校。我们秉承传统,仍然以"诚、朴、仁、勇"为校训;我们正用我们的智慧,用我们的辛勤赋予这四个字更为丰富、更加符合时代精神的内涵。

"诚",就是诚信、真诚、忠诚,实事求是、信守诺言、言行一致、坦诚相待、坚守信念、尽忠职守。

"朴",就是朴素、朴实、淳朴,保持本色、俭朴高雅、尊重自然、遵循规律、质朴天真、纯真敦厚。

"仁",就是仁爱、仁德、仁义,尊重生命、友爱善良、通情达理、宽以待人,爱党爱国、矢志不渝。

"勇",就是勇敢、勇气、勇略,迎难而上、坚韧不拔、果敢进取、敢于担当、善于反思、直面错误。

"诚、朴、仁、勇"是我们百年传承的巨大精神财富,它代表着振华人的品质与精神,它是母校留给每个振华学子永远的记忆。在21世纪的今天,在社会日新月异的今天,我们的校训精神依然焕发着特有的文化魅力,依然给我们以不尽的启发与教益。因此,我们把对校训精神的热忱化为酣畅的笔墨,把对校训精神的独特感悟凝结为智慧的结晶,编纂了这一本独特的教材。我们希望这本教材可以给予学生充分而深刻的教育意义,从而使每一个学生能将"振兴中华"作为自己的奋斗目标,把"诚、朴、仁、勇"这一校训予以继承与发扬。让校训精神渗透到学校的每一个角落,渗透到学校生活的每一天,成为每一名振华学子铭记一生的精神财富。

目 录

单元说明

《礼记》中说："诚者,天之道也;诚之者,人之道也。""诚",是儒家学说的精华所在,5 000多年来,国人在这种思想的熏陶下,蔚然形成了淳厚的国民性。"诚"是放之四海而皆准、行之古今而不变的法则。一个人德行的培养,不仅表现在言语行为上的礼节,更重要的是做到内心真诚,表里如一。

"诚",主要是指"诚实""真诚"和"忠诚",也就是古人说的"诚于中,形于外",要求我们"勿自欺""勿欺人"。所谓"信",主要是指"信守诺言",强调一个人要"言必信""言而有信"等。东汉的许慎在《说文解字》中说:"诚,信也。""信,诚也。"显然,在这里,他用"诚"来解释"信",同时也用"信"来解释"诚"。因此,后来"诚"与"信"紧密地联系在一起,形成了"诚信"一词。

曾子曰:"吾日三省吾身,为人谋而不忠乎? 与朋友交而不信乎,传不习乎?"这句话有力地阐述了"诚"的真谛。"诚"是合格公民的立身之本。我们的老校友、著名作家杨绛女士回忆振华女中时说,她印象最深的是校长王季玉的晨训——"伲(方言:我们)振华要实事求是。""实事求是"是对"诚"最朴素的阐释。振华中学的前辈,用自己的言与行树立了诚信的丰碑。中国渐渐崛起,振兴中华成为我们每一个人的使命,我们更应该坚持实事求是的精神,坚持公正公平的处世态度,坚持自觉守法、真诚守信的价值观和道德观。

希望"诚"成为每一位振华人的人生信条。

第一课　诚信
——实事求是　信守诺言

中国社会学和人类学奠基人之一的费孝通先生是振华的校友。1935 年，他在出国攻读博士学位前，偕妻子赴广西大瑶山实地调查。这年冬天，费孝通夫妇在大瑶山里迷路，妻子身故，费先生受重伤。返乡养病期间，他仍然不忘学术研究，在苏州吴江县庙港乡开弦弓村考察访问。将近两个月，拄着双拐的费孝通在街巷里串门访户，走田头，进工厂，坐航船，观商埠，不时做着笔记，直至出国前夕才离开该村。而奠定其学术地位的博士论文《江村经济》，就是这两个月实地考察的成果。求真求实的学术精神，是费孝通先生践行"诚、朴、仁、勇"校训的真实写照。

 同学们，振华校友费孝通的故事给了你怎样的启示？

何谓诚信

《说文解字》中解释"诚"即"信"也，所以，当我们今天再谈"诚"时，我们常常会把"诚"和"信"两个字连用。诚信是中华民族的传统美德，早在 2000 多年前，孔子用毕生精力著书立说，阐述诚信是人立身之本，是国家立业之本。从道德范畴来讲，诚信即待人处事真诚、老实、讲信誉，言必信，行必果，一言九鼎，一诺千金。

 请你说说身边有关诚信的小故事。

● 名言集萃

诚无不动者,修身则身正,治事则事理。	——《二程粹言·论道篇》
诚者,天之道也;思诚者,人之道也。	——《孟子·离娄上》
凡出言,信为先,诈与妄,奚可焉。	——《弟子规》
言必信,行必果。	——《论语·子路》
政者,口言之,身必行之。	——《墨子·公孟》
与人以实,虽疏必密;与人以虚,虽戚必疏。	——《韩诗外传》
欲正其心者,先诚其意,意诚而后心正。	——《大学》

信以立志,信以守身,信以处世,信以待人,毋忘立信,当必有诚。

——潘序伦

生命不可能从谎言中开出灿烂的鲜花。 ——海涅

如果要别人诚信,首先要自己诚信。 ——莎士比亚

无论是谁,只要说句谎话,他就失去纯洁的心。 ——贝多芬

● 诚信成语

抱诚守真	抱柱之信	表里如一	心口如一	诚心诚意	襟怀坦白	光明磊落
开诚布公	一诺千金	曾子杀彘	讲信修睦	竭诚相待	开诚相见	开心见诚
恪守不渝	物微志信	心虔志诚	信誓旦旦	信以为本	言而有信	言行一致
一言九鼎	一言既出,驷马难追					

为何诚信

人无信不立

孔子认为,一个人如果没有信誉,就好像车就算有了横木也是虚架上去的,而没有关键的木销,是无法行驶的。对一个人来讲,信誉是什么呢？是你行走于世界那个最基础的保障。也就是说,只有信誉,才能把人生这辆车驱动起来;只有信誉,才能够让你不管遇到什么样的风险、坎坷,都不会被打倒,而在坦途上前行的时候,也能够保证你的速度。有了信誉,你才是一个完整的人,才能站立得起来。

一诺千金

西汉初年有个叫季布的人，他特别讲信义。只要答应过的事，无论有多么困难，他都要想方设法办到。当时还流传着一句谚语："得黄金百斤，不如得季布一诺。"

后来，刘邦打败项羽当上了皇帝，开始搜捕项羽的部下。季布曾经是项羽的得力干将，所以刘邦下令，只要谁能将季布送到官府，就赏赐他一千两黄金。但是，季布重信义，深得人心，人们宁愿冒着被诛灭三族的危险为他提供藏身之所，也不愿意为赏赐的一千两黄金而出卖他。

有个姓周的人得到了这个消息，秘密地将季布送到鲁地一户姓朱的人家。朱家很欣赏季布对朋友的信义，尽力将季布保护起来。不仅如此，朱家还专程到洛阳去找汝阴侯夏侯婴，请他解救季布。

夏侯婴从小与刘邦很亲近，后来为刘邦建立汉王朝立下了汗马功劳。夏侯婴也很欣赏季布的信义，在刘邦面前为季布说情，终于让刘邦赦免了季布。不久刘邦还任命季布做了河东太守。后来人们就用"一诺千金"来形容一个人很讲信用，说话算数。

 人要讲信誉，你做到了吗？

诚信少年梁颢

北宋有个人叫梁颢，他父母早逝，由叔父收养。梁颢自幼喜好读书，可是他叔父的家境贫寒，买不起书。梁颢只好借别人的书，连夜抄下来，再按时还回去。

一个冬天的晚上，屋子里冷得出奇。梁颢在微弱的灯光下埋头抄书，不一会儿就冻得手脚僵硬，眼睛也累得发酸。砚台里的墨汁也结成了冰。他赶紧把砚台举到灯火上面，融化砚台里的冰，然后赶快提起笔蘸着墨继续抄书。

他的叔父一觉醒来，心疼地说："颢儿，快收拾一下睡觉去吧，明天再抄也不迟。他们家里有好多书，不等着用这一本，你跟他们说明情况，晚一天还回去也没什么要紧的。"

梁颢说："这可不行，我已经答应人家，明天就把书还回去。"

后来，梁颢中了状元，由于他的才华和少年时期养成的诚信品格，深得宋朝皇帝的赏识，被连连提拔。

被人相信是一种幸福

一艘货轮在烟波浩渺的大西洋上行驶。一个在船尾做勤杂的小孩不慎掉进了波涛滚滚的大西洋。孩子一边游一边大喊救命，却没有人听见。他实在游不动了，感觉自己要沉下去了。"放弃吧！"他对自己说。这时候，他想起了老船长慈祥的面庞和友善的眼神。不，船长发现我掉进海里后，一定会来救我的！想到这里，孩子用最后的力气又朝前游去……

船长终于发现那孩子失踪了，当他断定孩子是掉进海里后，下令返航回去找。这时有人劝说："这么长时间了，就算没有被淹死，也让鲨鱼吃了。"老船长犹豫了一下，还是决定返航。终于，在孩子就要沉下去的最后一刻，船长赶到，救起了孩子。

孩子苏醒之后，跪在地上感谢船长的救命之恩，船长扶起孩子问："孩子，你怎么能坚持这么长时间？"

孩子回答："我知道您会来救我的，一定会的！"

"怎么知道我一定会来救你的？"

"因为我知道您是那样的人！"

听到这里，白发苍苍的船长"扑通"一声跪在孩子面前，泪流满面地说："孩子，不是我救了你，而是你救了我啊！我为我在那一刻的犹豫而感到惭愧……"

不管从我们个人的人生道路来说，还是从整个社会文明的进展来说，只有守住诚信，才有未来。对于诚信，每一个时代可能有每一个时代的解读。但是如果我们做到从当下的生活出发，接受现实，并且以一种积极乐观的态度守住诚信，通往未来的道路一定会越走越宽敞。

 读完上面的故事，你感悟到了什么？

国有信则强，无信则衰

社会信用体系的建设，小到个人的信用体系，大到整个社会的信用制度建设，它是一个系统的工程，需要社会中每个人的自律和相互提醒、监督。社会信用体系不仅是一种信用制度建设，更重要的是它关系到人的素质的全面提升和社会整体文明的进步，它的建设必将有利于建立一个文明、和谐、有序的社会，有利于社会目标的实现和人民生活质量的提高。

建设诚信社会首先是公信力的张扬。有一个词叫"塔西佗陷阱"，被称为"古代罗马最伟大的历史学家"的塔西佗，根据他丰富的从政经验，得出一个结论："当政府不受欢迎的时候，好的政策与坏的政策都同样会得罪人民"。这句话可以延展开来，就是当一个公共机构失去了公信力，或遭遇了公信力危机时，它无论怎么说、说什么，如何做、做什么，都没有人信服；即便说的是好话、做的是善事，也会被质疑、被炮轰，甚至被否定。

"立木为信"与"烽火戏诸侯"

春秋战国时，秦国的商鞅在秦孝公的支持下主持变法。当时正处于战争频繁、人心惶惶之际，为了树立威信，推进改革，商鞅下令在都城南门外立一根三丈长的木头，并当众许下诺言：谁能把这根木头搬到北门，赏金 10 两。围观的人不相信如此轻而易举的事能得到如此高的赏赐，结果没人肯出手一试。于是，商鞅将赏金提高到

50 两。重赏之下必有勇夫，终于有人站出来将木头扛到了北门。商鞅立即赏了他 50 两。商鞅这一举动，在百姓心中树立了威信，商鞅接下来的变法很快在秦国推广开了。新法使秦国渐渐强盛，最终统一了全国。

周幽王有个宠妃叫褒姒，为博她一笑，周幽王下令在都城附近 20 多座烽火台上点起烽火——烽火是边关报警的信号，只有在外敌入侵需召诸侯来救援的时候才能点燃。结果诸侯们见到烽火，率领兵将匆匆赶到，弄明白这是君王为博宠妃一笑的花招后愤然离去。褒姒看到平日威仪赫赫的诸侯们手足无措的样子，终于开心一笑。5 年后，申侯联合犬戎大举攻周，幽王烽火再燃而诸侯未到——谁也不愿再上当了。结果幽王被逼

自刎而褒姒也被俘虏。

一个"立木取信",一诺千金;一个帝王无信,戏玩"狼来了"的游戏。结果前者变法成功,国强势壮;后者作茧自缚,身死国亡。可见,"信"对一个国家的兴衰存亡起着非常重要的作用。只有政府诚信,社会诚信,才能增强民族的凝聚力、向心力、战斗力,才能顺利实现现代化的宏伟目标。

汶川地震中的"诚信使者"

承担国家证明职能,为社会预防纠纷、减少矛盾的公证员经常被人们称之为"诚信使者"。在2008年抗震救灾中,公证人员以自己高尚的情操,金子般的心灵,精彩地诠释了"诚信使者"的价值。

为遇难者亲属办理震后首份公证书

2008年5月13日,汶川大地震的第二天,四川省郫县余震不断,大街小巷一片苍凉。

一大早,郫县公证处主任钟建就准时来到了办公室。一阵急促的电话铃声突然响起:"你们今天还办公证吗?""要办。"钟建平静地回答。

半个小时后,当事人来到了办证厅顺利完成了公证手续,这是郫县公证处在灾后出具的第一份公证书。

截至2008年6月18日,钟建带领公证处仅有的4名工作人员共办理灾区公证事项90余件,出证70余件,接待受灾群众咨询1 280余人次,减免公证费8万余元。

为受灾群众开通公证援助绿色通道

地震发生后,四川省彭州市公证处主任李三保为灾区群众开通公证援助绿色通道。2008年5月28日,李三保带领两名公证员赴重灾区红岩镇、葛仙山镇等5个乡镇,给受灾群众发放申办公证的宣传资料3 000余份,现场免费为受灾群众办理各类公证事项。

公信度是近年来颇受关注的一个词。所谓公信度,主要是指政府机关和各级干部受到社会公众信任的程度。人们是不是信任一个机关,往往取决于其职能性质、办事程序、工作质量或者工作作风、实际业绩等。前文中的两个公证处在灾后表现出极强的服务百姓的意识,且工作效率高,为百姓解决了实际问题,得到了百姓的信任和拥护。

如何诚信

1. 对于我们青少年来说，要做到恪守诚信，就要对自己的言行勇敢地承担责任和义务。我们首先要从身边的小事做起，如按时独立完成作业，杜绝作弊行为，做到老师在与不在一个样，认真完成值日工作，等等。

2. 在人际交往中，要以诚待人、信守承诺，如果我们在履行诺言过程中情况有变，无法兑现自己的诺言，就要向对方如实说明情况并表示歉意。

总之，诚信就在每个人的身边，就在每个人的言行中。

"恪守诚信"和"江湖义气"是一回事吗？请结合生活实际谈谈你的看法。做到诚信还要抵制眼前利益的诱惑，你有这样的体会吗？

● 活动超市

1. 新闻连连看、名人故事超链接、诚信承诺书——考试纪律教育。

2. 校园你我谈、校园诚信大热搜、诚信 AB 剧——班级大讨论。

3. 寻找身边的诚信校园 DV 大赛、主题演讲比赛。

4. 诚信主题摄影作品展评。

5. 诚信主题影视作品欣赏。

6. 班级诚信小报展评。

7. 荣誉升旗手：诚信之星。

8. "让诚信成为一种习惯"主题班会。

9. 创建诚信考场。

振华荣誉升旗手

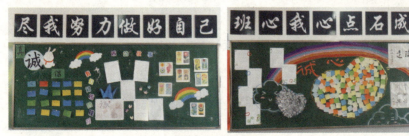

校训专题板报

第二课　真诚

——言行一致　坦诚相待

被誉为中国居里夫人的何泽慧是一位杰出的物理学家。她是中国科学院院士，是中国著名原子核物理学家钱三强的夫人。何泽慧院士毕业于振华女校，是杰出的校友之一。她严谨求真、言行一致、真诚待人，身边的人都尊敬地称她何先生。

有一次何先生出差到云南昆明，云南大学要请何先生给全校师生作报告。同一天，云南省曲靖市一所师范学校也请何先生去作报告。云南大学是全省的最高学府，规格高，条件好，并且校址就在昆明市，来回很方便；曲靖只是一个小城市，离昆明很远，坐汽车要颠簸几小时才到。而80岁高龄的何先生却选择去曲靖师范。何先生说，曲靖那么偏远，老师们在那儿工作很辛苦。那天，何先生深夜才从曲靖回到昆明。

何泽慧待人接物有她自己的标准。她从不向高官、权贵献媚，更鄙视阿谀逢迎。科学院院长、国务院总理在她的眼中都是普通人。科学院院长周光召去看望她，也免不了在她家里坐冷板凳，等她下班回来；温家宝总理中秋节专程到她家中看望她，临别时，她就像对朋友一样随口问道："明年还来吗？"温总理说："以后我每年来看您一次。"果然，连续5年，温家宝总理都去看望何泽慧先生，直到她去世。

何泽慧的真诚体现在她一视同仁、真诚相待的态度和表里如一、言行一致的作风。

🍂 何谓真诚

曾国藩曾经给"诚"下过定义：一念不生是谓"诚"，故"诚于中，必能形于外"。真诚就是内心纯净无染，表现于外就是言行一致、真实不虚、率真自然，如此则自然心怀坦荡、正直无私。

对中学生来说，"真诚待人"要做到对师长能以礼相待，如有意见能坦诚交流；对同学能推己及人，以诚相待，学会信任，学会用正确的方式方法表达自己的赞美或建议，让他人感受到真诚，为自己赢得良好的人际关系。

对于"真诚"你们还有不同的看法吗？以身边的具体事件为例，谈谈真诚还可以体现在哪些方面。

为何真诚

真诚可以化解矛盾，增加理解

飞机起飞前，一位乘客请空姐给他倒一杯水吃药。空姐礼貌地说："先生，为了您的安全，请稍等片刻，等飞机平稳飞行后，我立刻把水给您送过来。"

15分钟后，飞机早已进入平稳飞行状态。突然，乘客服务铃急促地响起来，空姐猛然意识到：糟了，由于太忙，她忘记给那位乘客倒水了！果然按响服务铃的就是刚才那位乘客。她小心翼翼地把水送到那位乘客跟前，面带微笑地说："先生，实在对不起，由于我的疏忽，延误了您吃药的时间，我感到非常抱歉。"但是无论她怎么解释，这位挑剔的乘客都不肯原谅她。

接下来的飞行途中，为了弥补自己的过失，每次去客舱为乘客服务时，空姐都会特意走到那位乘客面前，面带微笑地询问他是否需要水，或者别的帮助。然而，那位乘客余怒未消并不理会。

到达目的地前，那位乘客表情严肃地要求空姐把留言本给他送过去，他接过留言本，在本子上写了起来。等到飞机安全降落，所有的乘客陆续离开后，空姐打开留言本，惊奇地发现，那位乘客在本子上写下的并不是投诉信，相反，是一封热情洋溢的表扬信。

是什么使得这位挑剔的乘客最终放弃了投诉呢？在信中，有这样一句话："在整个过程中，您表现出的真诚的歉意，特别是您的十二次微笑，深深打动了我，使我最终决定将投诉信写成表扬信！"

在群体生活中，人与人的相处难免会产生各种误解和矛盾，只有真诚相待才能化解矛盾，增加彼此的理解。真诚为我们架起沟通的桥梁。

真诚待人才会获得别人的真诚相待

弗莱明是苏格兰一个穷苦的农民。有一天，他救起一个掉到深水沟里的孩子。第二天，一辆豪华的马车来到了弗莱明家门口，从马车里走下一位气质高雅的绅士。见到弗莱明，绅士说："我是昨天被你救起的孩子的父亲，我今天特地过来向您致谢，我会给您丰厚的报酬。"弗莱明回答："我不能因救起你的孩子就接受报酬。"正在两人说话之际，弗莱明的儿子从外面回来了。绅士问道："他是您的儿子吗？"农民很自豪地回答："是。"绅士说："我们订立一个协议吧，我带走您的儿子，让他接受最好的教育。如果这个孩子能像您一样真诚，那他将来一定会成为让您自豪的人。"弗莱明答应了。

数年后，他的儿子从圣玛利亚医学院毕业，发明了抗菌药物盘尼西林，成为世界闻名的弗莱明·亚历山大爵士。有一年，绅士的儿子，也就是被弗莱明从深沟里救起来的那个孩子染上了肺炎，正是盘尼西林将他从死亡的边缘救了回来。

那个气质高雅的绅士就是二战前英国上议院议员老丘吉尔，绅士的儿子就是二战时期英国著名首相丘吉尔·本杰明。富兰克林曾说过，一个人种下什么，就会收获什么。我们如果真诚待人，别人也会真诚地对待我们。弗莱明因为真诚让自己的儿子有了成才的机会；老丘吉尔也因为真诚挽救了自己儿子的生命，并使他成为20世纪影响人类历史进程的政治家。

真诚是一种美德。在我们的生活中，真诚是一颗明亮的星，总能给你带来好运，指引你到达光明的彼岸；真诚是一座无形的桥，沟通着人心，巩固了友情，紧连着亲情。真诚其实并不难，只要你付出真情，只要你真心待人，对方也一定会用一颗真诚的心对待你。付出真诚，才能活得更快乐，活得更精彩。

● **名言集萃**

闪光的东西,并不都是金子;动听的语言并不都是豪华。 ——莎士比亚

有了真诚,才会有虚心,有了虚心,才肯丢开自己去了解别人,也才能放下虚伪的自尊心去了解自己。建筑在了解自己了解别人上面的爱,才不是盲目的爱。

——傅雷

真诚是一种心灵的开放。 ——拉罗什福科

真诚是通向荣誉之路。 ——左拉

君子养心莫善于诚。 ——《荀子·修身》

你必须以诚待人,别人才会以诚相报。 ——李嘉诚

要让新结识的人喜欢你,愿意多了解你,诚恳老实是最可靠的办法,是你能够使出的"最大的力量"。 ——艾琳·卡瑟拉

推心置腹的谈话就是心灵的展示。 ——温·卡维林

我要求别人诚实,我自己就得诚实。 ——陀思妥耶夫斯基

世间好看事尽有,好听话极多,惟求一真字难得。 ——申居郧

说说还有哪些关于"真诚"的名言警句。讲讲你所知道的古今中外关于"真诚待人"的小故事。

如何真诚

真诚需要正确的表达

在历史上"唐太宗与魏徵"的故事脍炙人口,魏徵直言敢谏,只要觉得错的,就会毫不留情当面指出。耿直严厉的言辞虽然多次惹得唐太宗恼羞成怒,但最终都能得到唐太宗的接纳。公元643年,魏徵病逝。唐太宗很难过,他流着眼泪说:"一个人用铜做镜子,可以照见衣帽是不是穿戴得端正;用历史作镜子,可以看到国家兴亡的原因;用人作镜子,可以发现自己做得对不对。魏徵一死,我就少了一面好镜子了。"

议一议:如果生活中有一位像魏徵一样的朋友,在你做错事时会不分时间、场合严厉指出你的错误,你会愿意和他交往吗?为什么?

朋友之间需要真诚的赞美也需要真诚的劝诫,在人际交往中不是出发点好就会有好的结果。当我们表达意见或建议时不妨先站在对方的角度考虑一下对方的感受,再选择适合的时间和场合,委婉地表达自己的想法,这样对方才能感受到你的真诚友善,也更容易接纳你的意见和建议。

● 专家建议

当给别人指出不足或错误时:

1. 应该态度真诚、言辞恳切;
2. 应该注意时间和场合,避免在公众场合或别人面前;
3. 应该委婉表达自己的观点,切忌指责或使用攻击性语言。

真诚需要建立信任

试一试:以小组为单位紧紧围成圈,一名同学站在圆圈中双手抱在胸前,其他同学伸出双手掌心向外。当发令员说开始后,中间的同学放松身体保持直立姿势向后倒,周围的同学用手把中间的同学顺时针推动两圈。再挑选自己的好朋友围圈重复这个游戏。感受一下两次游戏哪次更成功。

大多数同学会在第二次游戏中更放松、更容易完成任务,因为周围的人是你所熟悉、认可的朋友,你信任他们所以自己也会更放松。在人际交往中,在建立信任的基础上我们更能敞开心扉、以诚相待。

真诚需要学会倾听

美国知名主持人林克莱特有一天访问一名孩子:"你长大后想要做什么呀?"孩子说:"我要当飞行员!"林克莱特接着问:"如果有一天,你的飞机飞到太平洋上空时所有引擎都熄火了,你会怎么办?"孩子想了想说:"我会先告诉坐在飞机上的人绑好安全带,不要动,然后我挂上降落伞跳出去。"当现场所有的观众都哄堂大笑时,林克莱特看到孩子脸涨得通红,眼里噙满了泪花,于是林克莱特继续问他:"为什么你要这么做?"孩子流出了眼泪,委屈地说:"我要去拿燃料,我还会回来的!"

耐心地倾听别人说话,是对他人真诚友善的表现。给别人完整表达自己的机会,才能更好地理解他人。倾听并不是禁止表达自己意见,而是应该互相交换观点和感受。只有用心地倾听,才能更好地沟通。

　　真诚是建立良好人际关系的重要原则,在日常学习生活中,只要做到用恰当的方式表达、建立信任、耐心倾听,周围的人一定会感受到你的真诚,回报以理解和支持。

　　通过对以上内容的了解,谈一谈怎样才能获得更多的友谊。你希望和父母有更多的沟通吗? 我们可以怎么做? 在社会生活中,当我们面对陌生人需要帮助时该怎样做?

● **活动超市**

1. 校园传真——寻找身边真诚感人的瞬间,展示身边的真人、生活中的小事。

2. 采访我的父母。

3. 好人缘测一测——心理小测试。

4. 社会热点大家谈。

5. 真诚面对面辩论。

"感动振华"人物评选活动

第三课　忠诚
——坚守信念　尽忠职守

　　她，叫陆璀，是振华女校的学生。她是"一二·九"运动的英雄。当年，国民党正集中力量内战，推行"攘外必先安内"的政策，对日本侵略军"不准抵抗"，报刊上连"抗日"二字都不准出现。北平沦陷在即，北平学生们终于放开喉咙，痛痛快快地高呼："打倒日本帝国主义！""日本侵略者滚出中国去！""停止内战，一致抗日！"此等局势之下，喊出这般口号无异于石破天惊，骇世惊人。

　　这个年轻瘦弱的女孩高擎起纸糊的话筒，在群众集会上坚定有力地高呼："打倒日本帝国主义！"她以柔弱的身体爬进城门，想为游行的同学打通前进的道路而被军警枪棍乱击；她代表中国学生救国联合会在第一届世界青年大会的讲坛上慷慨陈词，一袭白色旗袍和一口漂亮的英语使她在几千人的聚会上灿如星辰，那是1936年。

　　在"国耻""国难"声中度过童年和少年时期的陆璀，在振华女校"愿及时奋勉精进，壮志莫蹉跎"的校歌声中成长的陆璀，以自己的行动，坚守着对这贫弱的国家的深沉的爱与忠诚。

　　她是江苏无锡人，早年留学英法，回国后曾在上海震旦女子文理学院、清华大学任教。1949年后，在中国社会科学院文学研究所、外国文学研究所工作。

　　她就是振华女中1928年的毕业生，也是振华的第三位校长——杨绛。

　　"文革"时，大会小会整天鼓励相互揭发，年轻人不知道如何自处，常有人做出异常举动。可是她从不做侮辱他人之事，也从不做落井下石之事。她把尊严看得很重，她一直坚信，几千年宝贵的文化不会被暴力毁灭，她还坚信人性不会彻底泯灭。她一生充满尊严、忠诚和信仰。

杨绛曾说振华的精神代表了数代人的传统，渗透到每一个角落。振华的育人环境，养育了一代又一代振华人。当我们走进这座幽静而古朴的校园时，就会浸润于它特有的严谨而朴实的文化气息，也正是这种气息铸就了杨绛的自强品质。

时光悠悠而过，转眼已是建校百年，我们依然能呼吸到陆璀、杨绛她们呼吸过的振华的空气，我们依然能浸润在她们曾享受过的文化气息之中，这种气息就是振华坚守的百年不变的传承——诚、朴、仁、勇。

勇敢的陆璀，充满尊严的杨绛，她们都用自己的一生坚守自己的信念，铸就了人生的辉煌，她们用自己的行动告诉我们，坚守自己的信念、忠于职守就是无憾的人生。这样的人生离不开"忠诚"这一品质。

何谓忠诚

忠，《说文解字》解释为："敬也，尽心曰忠。"《玉篇》解释为："直也。"《周礼·郑疏》解释为："中心曰忠。中下从心，谓言出于心，皆有忠实也。"《传》中解释为："事上竭诚也。"简而言之，所谓忠诚就是坚守自己的信念，尽力做好本职工作。

忠诚，一个古老的话题。《论语》里，曾子说自己每天要"三省吾身"，第一个省察就是"为人谋而不忠乎？""忠"后来成为儒家思想的核心之一，有忠诚无私、忠于他人、忠于国家及君主等多种含义。如"志虑忠纯""君使臣以礼，臣事君以忠""尽心于人曰忠，不欺于己曰信"。随着中国封建制度的形成和加强，"忠"特指臣民服从于君主及国家的行为规范和准则。宋代以后，"忠"在一定程度上发展为臣民绝对服从于君主的一种片面的道德义务。我们今天所理解的"忠诚"是指对所发誓效忠的对象（国家、人民、事业、上级）、朋友（盟友）、情人（爱人）或者亲人（亲戚）等真心诚意、尽心尽力，没有二心。忠诚代表着诚信、守信和服从。

对我们中学生而言，"忠诚"，即坚守自己的信念，忠于职守。

为何忠诚

忠实对己——实现本真自我

孟子曾经说过："诚者，天之道也；思诚者，人之道也。"就是说忠诚是自然规律，是万物存在的基础；而追求诚是做人的根本要求。诚是品评人物最基本的出发点。忠诚是一块试金石，验证着人品的高下。一个人忠诚，则不仅能安顿自我，也能立于社会，实现自己的人生价值。

忠诚，这一内在品质的外在表现首先应是坚守自己的信念。当我们失去自己内心的判断标准，就会有很多迷惑。我们现在总说世象纷纭，希望哪个神灵借一双慧眼，让我们可以看清复杂的世象。其实真正的慧眼不仅关乎智慧，还关乎一个人的自我判断和内心恒常的力量。孔子说："仁者不忧，智者不惑，勇者不惧"，你内心越淡定、越从容，你就越会舍弃那些激烈的、张扬的外在形式，而能尊重内心的、安静的声音。这样你才能在走向社会的时候，能够有所担当，能够做到最好。

忠于职守——体现人生价值

忠于职守是人类社会最为普遍的奉献精神，它看似平凡，实则伟大。

一份职业，一个工作岗位，都是一个人赖以生存和发展的基础保障。同时，一个工作岗位的存在，往往也是人类社会存在和发展的需要。所以，忠于职守不仅是个人生存和发展的需要，也是社会存在和发展的需要。忠于职守是一种平凡而又伟大的奉献精神。

从一个城市来说，没有人当市长是不行的；同样，如果没有人去扫地、清除垃圾也是不行的。想当市长的人很多，想扫地的人肯定不多。但在一个城市里，市长只需要一人，清洁工人却需要几百人、几千人，甚至几万人。无论是心甘情愿的，还是不得已而为之的，只要是在自己的工作岗位上认真负责，尽心尽力，就已经具备了普遍的奉献精神。在我们国家，如果大大小小的公务员、企事业单位职工、私营企业主、个体户都能够表现出这种奉献精神，人民就会更加富裕，国家就会更加强盛。

忠诚于国——塑造民族魂魄

西塞罗那的《共和国》中说,国家乃人民之事业,而人民是许多人基于法的一致和利益的共同而结合起来的集合体。这个定义并非无懈可击,但足以说明我们为什么要忠诚于国——因为国家的强大需要每一个人的付出,国家的强大可以使她的公民不受外侮。国家的强大是人民的共同利益。

忠诚是人格高尚的重要标志,也是一个人道德操守的底线。不忠诚于祖国,不忠诚于家庭,不忠诚于朋友,那一定会遭人唾弃。

"良心医生"陈晓兰

2007年"感动中国"的人物里有这样一个人——"良心医生"陈晓兰。她是上海市某医院理疗科的大夫。当陈晓兰发现这10年间医院进的医疗器材有相当多的是假冒伪劣产品时,她坚持揭发此事。10年中,经她揭发的假冒伪劣医疗器械多达20多种,其中有8种已经由国家下文予以废止。

但是,这10年中,这名医生付出了什么代价呢?因为损害了医院的利益,医院强行把她调离原来的岗位,后来又强迫她提前退休。丢了工作之后,她深入到医疗器械交易的直接环节,更坚定地去揭露更多的黑幕,所以很多同行指责她为"叛徒"。尽管是孤军奋战,但陈晓兰无怨无悔。

不能忘却的纪念
——索南达杰之死

1994年1月18日,40岁的青海治多县西部工委书记索南达杰为保护藏羚羊,在可可西里与盗猎分子搏斗,壮烈牺牲。中共青海省委授予他"党的优秀领导干部"称号,国家有关部委授予他"环保卫士"称号。

可可西里环境严酷,气候恶劣,人类无法长期居住。站在这里,唯见雪山荒原,天地间一片萧索。

在第一次进可可西里的路上,索南达杰读着一本《工业矿产手册》。"你要不学知识的话,就变成野牦牛了。"他对助手扎多说。

他们进入可可西里,一路见到许多被杀的藏羚羊,有的只剩骨架,有的骨肉完整,却被剥了皮。

此时可可西里盗金现象已近疯狂,大量金农涌进可可西里非法采挖。有些淘金者夏季淘金,冬季打猎。知道藏羚羊的皮毛可以卖钱,于是盗猎者骤多。藏羚羊是藏北高原上的旗舰物种,已经处于灭绝边缘。

索南达杰曾叹道:"这里不是无人区,而是无法区。"

从可可西里回来,索南达杰万分焦急,很快成立了"野生动物保护办公室",后又成立"高山草场保护办公室"。

索南达杰手提包里的书籍,由《工业矿产手册》变成复印的散页《濒危动物名录》。从《工业矿产手册》到《濒危动物名录》,不知不觉间,索南达杰对可可西里的认识发生了巨大变化,可是没人与他对话,他也得不到多少支持。

1994年1月初,他们最后一次进入可可西里。索南达杰十分郑重,跟县长借了一把七七式手枪,跟公安局借了冲锋枪和一把生锈的、打不响的五四式手枪。

15日,索南达杰一行人顶风冒雪来到可可西里最西北角的泉水河河谷。在这里他们一共抓获了20名盗猎分子,缴获了7辆汽车和1 800多张藏羚羊皮。

那一夜奇寒难忍,此时的索南达杰已经三天没吃饭,几天没睡觉,身体极度虚弱。他的车慢慢落在了车队后面。

当车队行至太阳湖南岸,串通好的盗猎者,将大意的向导抓住。几十个盗猎者人手一枪,排兵布阵。他们将一辆辆车排成弧形,形成半包围圈,面向索南达杰来的方向。车灯熄灭,可可西里陷入无边的黑暗,令人窒息。索南达杰来了!

他的车在车阵前50米停下,索南达杰拔出那支生锈的五四式手枪下了车,警惕地慢慢向前走去。一个盗猎者从对面走过来,假装与他打招呼,走到跟前,那人突然一个虎扑将索南达杰抱起,两人厮打起来。索南达杰一下将其摔在地下,抬手一枪,那人再也不动了。五四式手枪居然打响了!所有车灯突然打开,照着索南达杰。枪声"叭叭叭叭"响起,一排排子弹射向他。他手持手枪冲那一片车灯射击,就像舞台上的孤胆英雄,又像一只藏羚羊,在灯光照射下失去视觉,任人枪杀。突然,索南达杰中弹了,一条腿跪下，又艰难地爬起绕到车后。"砰砰"的枪声大作。终于，枪不响了，可可西里一片死寂……

当人们在可可西里无人区找到他时，他还保持着换子弹的姿势，疾恶如仇的眼睛睁得大大的。

这是中国第一位为保护野生动物而牺牲的县委书记。藏区的牧民们在青藏线上昆仑山口的一侧，修建了一座高约20米的杰桑·索南达杰烈士纪念碑。碑旁对联上刻有"功盖昆仑"的字样。碑上还有索南达杰的黑白遗像，微微卷曲的头发和腮颊上的胡须给人以彪悍不屈的印象。

索南达杰用自己的生命实践了自己的诺言，坚守了自己的信念，用生命保护他热爱着的藏羚羊。索南达杰的勇气从何而来？它来自于内心的忠诚。忠诚，有时候需要极大的勇气。忠诚需要内心对于一种价值的坚守，这种价值延伸出来，不仅仅关乎个人，而是关系到更多人的利益。

陈晓兰和索南达杰的勇敢的价值，就在于这不仅仅关系到个人的诚信，更关系到一个社会的核心价值。他们的良知是整个社会风尚的净化剂。陈晓兰和索南达杰，不过是两个普普通通的人，但是他们内心的力量坚强而庞大，这样的力量推展开来，从个人到整个社会，影响巨大。这就是忠诚的力量。

● 名言集萃

立身制行，本诸一心，心正则为忠，为直，不正则为奸，为慝。

——赵尔巽《清史稿》

祖国陆沉人有责，天涯漂泊我无家。　　　　　　　　　　——秋瑾

但得众生皆得饱，不辞羸病卧残职。　　　　　　　　　　——李纲

经验显示，成功多因于赤忱，而少出于能力。胜利者就是把自己身体和灵魂都献给工作的人。

——查尔斯·巴克斯顿

一盎司忠诚相当于一磅智慧。　　　　　　　　——阿尔伯特·哈伯德

如何忠诚

对中学生而言,忠诚于国即是能够做到以国家利益和集体利益为重,自觉维护学校、班级的荣誉,明辨是非,敢于同不文明行为、不文明现象作斗争。

其实,如果我们能忠实对己,做最好的自己,就能更好地履行对国家、对社会的责任;如果我们能真诚待人,怀着乐观和积极的心态,理解、包容别人,让自己成为一个使他人快乐的人,让自己那颗快乐的心成为阳光般的能源,去感染他人、温暖他人,那也是对社会的贡献;如果我们能忘却自己的得失,把自己融入一个大集体的利益中,这更是对集体和国家的忠诚。

坚守自己内心的道德良知,做好自己的本职工作,自觉维护班级、学校的荣誉,与不文明现象作斗争,做到这些,你就是一个忠诚的人。

康德在《实践理性批判》中说过这样一段话,后来人们把它镌刻在他的墓碑上:"有两种东西,我们愈是时常反复地思索,它们就愈是给人的心灵灌注了时时翻新、有增无减的赞叹和敬畏,这就是我头上的星空和心中的道德法则。"

同学们,祖国培养了我们,学校教育了我们,道德法则是神圣不可更改的,要求我们去恪守,去践行。这是我们的社会责任。相信你一定能成为忠诚的人!

你赞赏陈晓兰和索南达杰的行为吗?谈谈当今社会为什么需要忠诚。

革命传统教育

● 活动超市

1. 爱国系列小故事、新四军老战士国防小讲座。

2. 班会活动:

(1)"我爱你,祖国"——班级红歌会、观看国庆阅兵式录像、观看爱国题材电影;

(2)"昨天、今天、明天"主题班会;

(3)"时事我来讲"主题班会;

（4）革命英雄故事会。

3．社会实践：

（1）慰问军烈属；

（2）寻访苏州名人（如范仲淹、顾颉刚）。

4．主题活动：

（1）"革命歌曲大家唱"——广场音乐会革命歌曲专场；

（2）"祖国在我心中"——国庆原创诗歌朗诵会；

（3）五四青年节专题会演；

（4）"传统文化月"系列活动（经典诵读比赛、诗词朗诵会、传统文化班级展板比赛、传统文化专题班级板报评选、"走进经典"阅读征文大赛）；

（5）观看校园文化墙——著名校友的演讲。

校园红歌会

朴　朴以立身

单元说明

春秋末期思想家老子，主张人应保持朴素、纯真的自然天性，不要沾染虚伪、狡诈而玷污人的天性。晋陶渊明在五言诗《劝农》中提到"抱朴含真"，现代社会也提倡返璞归真，追求真、善、美，成就自己的本色人生。

美国富翁、沃尔玛的创始人山姆·沃尔顿是一个待人和善、生活节俭的人。他说："我们要给世界一个机会，来看一看通过节约的方式改善所有人的生活是个什么样子。""朴"是他的创业根本。

当代著名作家、评论家、翻译家杨绛先生是我们的校友，她一直谨记老校长王季玉先生的倡议，过着俭朴而高雅的生活。她家里只有简朴的家居：水泥地面，大书桌上摆满了书，旁边放着钱锺书和钱瑗的照片。杨绛说，她现在正在做"打扫战场"的事情——整理钱锺书、钱瑗父女两人的文稿，希望有生之年为"我们仨"再做些事情。只有拥有纯朴的心态才能从容看世间聚散，才能有如此宽阔的胸襟。

王淑贞先生也是我们的校友，她是上海第一医学院附属妇产科医院的院长，是中国妇产科学的奠基人之一。她去世时将住宅及存款全部捐献给国家，只有心性纯朴敦厚的人才会这样做。

杨绛先生和王淑贞先生都是践行"诚、朴、仁、勇"校训的典范，是我们每一个振华学子的榜样。我们在今后的学习和生活中只有保持本色，才能成为俭朴高雅之人；只有心性质朴天真，才能成为淳朴敦厚之人。

第一课　朴素

——保持本色　俭朴高雅

振华女校创始人、状元夫人王谢长达太老师为办学倾其所有，王季玉校长继承母志，"嫁给"振华，贡献一生。1917年，王季玉留美归来，接管学校。她生活俭朴，一切为学校着想，开创一代教育之新风。她们的丰功伟绩令人钦佩。

杨绛，曾任振华女校上海分校校长。杨绛居住的"南沙沟"，环境非常优雅。据说，那里几百户人家中，没有封阳台也没有进行装修的，如今只有杨绛一家。钱锺书杨绛夫妇捐了800多万元版税给清华的贫寒学子，自己却过着极其简朴的生活：素粉墙、水泥地，天花板上还有几个手印，据说，那是钱锺书在世时杨绛登上梯子换灯泡留下的。

抗战时期，北京大学、清华大学、南开大学迁到昆明成立西南联大。联大在8年间，培养出一大批星光灿烂的杰出人物，自然科学家有杨振宁、李政道、邓稼先、华罗庚；人文学者有何炳棣、朱德熙、吴晗；文学家有穆旦、汪曾祺、郑敏……在那段极为艰难的环境里，涌现出来的人才比三校前20年的总和还要多，这成了中国现代教育史上的一个谜。其实，谜底很简单，只有两个字——朴素。当时的师生，把学术作为第一任务，既没有条件也没有闲工夫追求舒适的生活。

振华先辈们的节俭是保持本色、俭朴高雅的体现，对比自己的生活习惯查找不足。杨绛先生成就卓著却仍旧保持朴素，对此你有何感触？

🌿 何谓朴素

所谓"朴素"，就是质朴而无文饰，俭朴而不奢侈。讲求朴素就是要保持本色，俭朴高雅。朴素是一种心态，是简简单单做人，认认真真处世，踏踏实实工作，开开心心生活。人应当秉持朴素的天性,只有这样才能体味生活的真谛,惬意地享受人生。朴素是要求我们生活得简单一些:穿衣戴帽,但求合体合度,切忌盲目攀比;娱乐怡情,要清平高雅,切忌低级庸俗;交朋结友,但求"平淡如水",勿把感情独系于推杯换盏之中。内心朴素的人才能表现出良好的教养、高尚的举止和情趣。

对于中学生来说,"朴素"就是要勤俭节约,艰苦朴素,不过分讲究吃穿,保持青年学生的本来面貌。

为何朴素

艰苦朴素一直是我国人民的传统美德,作为新时代的中学生,我们不仅不能认为艰苦朴素已过时,而且还要继续保持这种良好的作风,培养正确的消费意识,养成合理购物的习惯,不盲目攀比,不追求名牌。艰苦朴素是一种精神,对我们学生健全人格的培养尤为重要。

朴素也能创造财富

美国的"石油大王"洛克菲勒,从小家教很严,靠给父亲做"雇工"挣零花钱。他清晨便到田里干农活,有时帮母亲挤牛奶。他有一个专用于记账的小本子,把自己的工作量化后,按每小时 0.37 美元记入账,再与父亲结算。这件事他做得很认真,感到既神圣又趣味无穷。更有意味的是,洛克菲勒的第二代、第三代乃至第四代,都严格照此办理,并定期接受检查,否则,谁也别想得到一分钱。

洛克菲勒这样做并非家中一贫如洗,也不是有意苛求孩子,而是为了从小培养孩子勤劳节俭的美德和艰苦自立的品格。那小账本上记载的岂止是孩子打工卖力的流水账,分明是孩子接受磨难和考验的经历!

其实,在不少发达国家,对待在校学习的孩子,要求也是非常"苛刻"的。在日本,许多学生利用课余时间,在饭店洗碗、端盘子,在商店售货或照顾老人,或做家教,挣钱交学费。美国人一贯教育孩子自主自立,七八岁的小孩就成了"小生意人",出售他们的"商品"挣零用钱。美国中学生有个口号:"要花钱自己挣。"每逢假期,他们就成了打工族,自食其力。

朴素更磨砺自身

晚清的政治家、军事家曾国藩一直教育子孙要艰苦朴素。他在京城时见到不少高干子弟奢侈腐化，挥霍无度，胸无点墨，目中无人。因此，他不让自己的孩子住在京城，而要他们住在老家，并告诫他们：饭菜不能过分丰盛；衣服不能过分华丽；门外不准挂"相府""侯府"的匾；出门要轻车简从；考试前后不能拜访考官，不能给考官写信等。因此，他的子女因为自己的父亲是曾国藩反而更担心自己的言行不够检点、学识不够渊博而损害自己父亲的声誉。所以他们磨砺自己，奋发图强。

20世纪真正称得上最朴素的领袖大概只有印度的"圣雄"甘地。甘地以白布裹身，赤脚行走在祖国多灾多难的土地上，让自己的灵魂感受到土地的冷暖干湿。甘地从不为自己的影响力而骄傲，临终前他只说了这么一句话："在这可爱的印度，有她的一个卑微的儿女，够坚强，够纯洁……"这种朴素是天地之气孕育出来的朴素，它能轻而易举地战胜困厄、仇恨和麻木，甚至是死亡。这位瘦小的老人的魅力所在，也是两个字——朴素。

综上所述，我们能深刻地感受到朴素的重要作用。其实这已经成为古今中外不少家庭的共识：培养孩子的艰苦朴素的良好习惯，会让他们终身受益。

● 名言集萃

一饱之需，何必八珍九鼎？七尺之躯，安用千门万户？

　　　　　　　　　　　　　　　　——民谚

一粥一饭当思来之不易，半丝半缕恒念物力维艰。

　　　　　　　　　　　　　——朱柏庐《朱子家训》

从俭入奢易，从奢入俭难。　　　　——司马光《训俭示康》

历览前贤国与家，成由勤俭败由奢。　　——李商隐《咏史》

静以修身，俭以养德。　　　　　　——诸葛亮《诫子书》

谁知盘中餐，粒粒皆辛苦。　　　　　——李绅《悯农》

奢者狼藉俭者安，一凶一吉在眼前。　　——白居易

克勤于邦，克俭于家。　　　　　　——《尚书·大禹谟》

俭，德之共也；侈，恶之大也。　　　——《左传》

惟俭可以助廉，惟恕可以成德。　　　　　　　——范纯仁《范纯仁家训》

　　　说说还有哪些关于"朴素"的名言警句，讲讲你所知道的古今中外关于"艰苦朴素"的小故事。

如何朴素

　　时代变了，艰苦朴素、勤俭节约也被赋予新内涵：在经济能力能承受的范围内可以适度消费，要把钱用在刀刃上。

不在物质金钱上和人攀比

　　我们真正要和别人比较的，应该是品德、知识、能力、个性发展，而非坐享其成的一切。

　　宋濂在《送东阳马生序》中谈及他的求学经历时说：同舍生皆被绮绣，戴珠缨宝饰之帽，腰白玉之环，左佩刀，右备容臭，烨然若神人。余则缊袍敝衣处其间，略无慕艳意，以中有足乐者，不知口体之奉不若人也。

　　在这位大学问家的眼中，物质上的享受远不如读书的乐趣，他并不在生活上与人攀比，而是全身心地扑在学习上，最终他学有所成。这正是朴素的最好写照！

应形成正确的消费观

　　形成正确的消费观显然对我们有着极为重要的意义。第一，正常的消费能有力地促进社会生产。第二，消费应当量力而行。作为中学生，我们还没有固定的经济来源，更应当珍惜父母的劳动成果，根据实际能力来进行消费。第三，通过正常的消费逐步提高生活质量，培养高雅的生活情趣。

　　建议：把零花钱用于买书，参加拓展训练、文艺欣赏活动等；或是消费在慈善活动中，譬如捐款、捐书，帮助身边需要帮助的人，让我们得到精神、灵魂的净化与升华。

应以平等人格对待他人

家庭经济条件比较好的孩子,应该与同学平等相待、和谐相处。中学生应把更多的注意力放在自身的综合素质教育上,这样才能促进自己的成长。

🖋 **讨论:** 在现实生活中,我们可以在哪些方面养成艰苦朴素的习惯?想想我们怎样规避同学中可能存在的盲目攀比之风。

现阶段,大家都在享受父母提供给我们的一切,父母提供得越多,有的同学越沾沾自喜,沉浸在并非通过自己的努力与能力得来的优越生活中,落入物质至上的境地。现在大家的生活水平都很高,适当消费是应该的,吃得好一点,穿得好一点,也是可以理解的。但是,适当消费并不代表就是物质消费。如何改变非名牌不穿的观念,如何做到理性消费是需要我们认真思考的。物质金钱的攀比,往往容易让我们形成错误的人生观、价值观,也让一部分不是特别富裕的孩子产生不应有的自卑甚至仇富心理,将来可能会产生对社会的不满。所以,再穷不能穷教育,再富不能富孩子。

● 专家建议

1. 君子爱财,取之有道。
2. 理性消费,学会理财。
3. 不攀比,不虚荣,反对铺张浪费。

🖋 **讨论:** 有人认为"现在经济好了,应该多享受,浪费一点没啥关系",也有人说"中国地大物博,不用愁什么能源危机",对此,谈谈你的看法。

● 活动超市

1. 课堂讨论:
(1) 学生调查生活中节约和浪费的事例;
(2) 收集"全民节约,共同行动"的教育资料;
(3) 每人搜集有关勤俭节约的故事,读完后写一篇个人感想;

（4）思考：你是否每时每刻都有节约的意识？以后如何真正做到节约？

（5）如何处理自己的零花钱？

2. 主题活动：

（1）"保持本色，俭朴高雅"主题班会活动；

（2）"朴素之美"发现之旅（以文字或图片形式寻找生活中的朴素美）；

（3）以班级为单位展开"中学生还有艰苦朴素的必要吗？"辩论会；

（4）开展"我身边的再利用"节约环保宣讲活动；

（5）请你做一份调查表，进行一次"我身边的朴素的人，朴素的行为"的调查活动；

（6）请你在家中做一件"勤俭、节能"的事。

我身边的再利用

朴素主题演讲

第二课　朴实

——踏实无华　遵循规律

竺可桢,1936年出任浙江大学校长。在任13年间,他为浙大建设倾注了全部心血,提出"求是"二字为校训。竺可桢认为,科学家应取的态度应该是:第一,不盲从,不附和,以理智为依归。如遇横逆之境遇,则不屈不挠,不畏强御,只问是非,不计利害。第二,虚怀若谷,不武断,不蛮横。第三,专心一致,实事求是,不作无病之呻吟,严谨整饬,毫不苟且。科学的目标是求真理。真理所在,虽蹈危履险以赴之,亦在所不辞。科学家的态度,应该是知之为知之,不知为不知,丝毫不能苟且。对"求是"的解释,《中庸》说得最好,就是"博学之,审问之,慎思之,明辨之,笃行之"。科学研究的目的,在于探求真理,使国家富强。

竺可桢真正做到了言行一致。在科学研究中,竺可桢一丝不苟,事必躬亲。抗战期间,浙江大学几次迁移,虽然条件极其艰苦,但是每到一地,竺可桢总不忘收集资料,开展科研。学生们都知道,竺校长随身总带着四件宝:照相机、高度表、气温表和罗盘。他71岁时,还参加了南水北调考察队,登上海拔4 000多米的阿坝高原,下到险峻的雅砻江峡谷。他严谨踏实,深受广大学者推崇。

 他可是你的校友哦,你觉得他在对待工作和对待他人中有哪些方面值得你学习?

何谓朴实

朴实,首先是指做事认真踏实、不浮躁。扎扎实实做事,不无故改变主意,也不轻易半途而废。《朱子语类》卷四十中说:"尧舜便是实有之,踏实做将去,曾点只是偶然绰见在。"古往今来,成功者莫不如此。对于我们中学生而言,浮躁是我们求知为学的最大敌人。只有静下心来,实实在在地投入到紧张的学习中去,才能一步一个脚印走向成功。否则,所有的一切都是空中楼阁。

其次,朴实更是一种实事求是的精神。实事求是指从实际对象出发,探求事物的内部联系及其发展的规律性,认识事物的本质并按照事物的实际情况说话、办事、做学问。明朝王阳明在宋代朱熹"格物便是致知"、"理在事中"的基础上,提出了"知行合一"的观点,倡导实事求是的学风。这是一种严谨的治学态度和方法,是我们每一个中学生求知治学必不可少的思想素养。

为何朴实

浮躁,是我们为学处事的最大弊病

浮躁是当前社会中一些人的通病,表现为行动盲目,缺乏思考和计划,做事心神不定,缺乏恒心和毅力,见异思迁,急于求成,不能脚踏实地,三天打鱼两天晒网,最终一事无成。

据统计,世界500强企业的平均寿命是40~50岁,美国一年中新生的50万家企业,10年后仅剩4%,日本存活10年的企业比列亦不过18.3%,而中国大企业的平均寿命是7~8岁,中国小型民营企业的平均寿命是2.9岁。这的确是一个很严酷的现实。由于浮躁,某种产品刚一兴起,同类企业一哄而上,造成谁都没有利润的局面。当年呼啦圈的悲剧、锅巴的结局,不都是如此吗? 由于浮躁,当年中央电视台广告"标王"之争让多少企业为之痴迷、疯狂。不努力把每一件事做细、做透,而去豪赌广告,结果怎样呢? 一篇新闻追踪,就可以搞得秦池酒业一蹶不振。由于浮躁,一些企业盲目乱炒概念。2000年8月,全国仅有3家公司以"纳米"技术为卖点,可是半年之间就冒出了300多家"纳米"企业,一时间"纳米"臭了。

由此可见,浮躁使人在工作上眼高手低,不勤奋,不刻苦,不投入,看什么都简单,不屑于认真去做,也不知道如何去做;浮躁使人急功近利,哗众取宠,追求表面文章和短期的效益;浮躁更使人玩世不恭,无责任感,无使命感。所以我们要拒绝浮躁,无论是为学还是处事都要做到认真踏实。

遵循规律，是人类持续发展的根本保证

规律是事物运动过程中固有的本质的必然联系，它的发生和作用是不以人的意志为转移的，是不可抗拒的。人们按照客观规律做事就可能成功，违背客观规律办事则必然失败。所以，我们只有研究客观规律，认识并利用规律才能达到目的。

凯巴伯森林的狼和鹿

100 多年以前，凯巴伯森林生机勃勃。鹿在林间嬉戏，但鹿群的后面，常常跟着狼，它们总在寻找机会对鹿下毒手。当地居民恨透了狼。他们组成了狩猎队，到森林中捕杀狼。枪声打破了大森林的宁静。凯巴伯森林的枪声响了 25 年，狼与鹿的其它天敌，总共被杀掉 6 000 多只。凯巴伯森林从此成了鹿的王国。很快，鹿的总数就超过了 10 万只。随着鹿的大量繁殖，森林中闹起了饥荒。人们做梦也不会想到，他们捕杀的狼，居然是保护森林和鹿群的“功臣”：狼吃掉一些鹿，使鹿群不会发展得太快，森林也不会被糟蹋得这么惨；同时狼吃掉的多半是病鹿，反而解除了传染病对鹿群的威胁。而人们特意要保护的鹿，一旦在森林中过多地繁殖，倒成了破坏森林、毁灭森林的“祸首”。

“大跃进”——浮夸风的社会惨剧

1958 年 5 月，我国由于忽视了客观经济规律，企图迅速地改变我国经济文化落后的状况，轻率地发动了“大跃进”运动。“大跃进”运动，要求工农业主要产品的产量成倍、几倍、甚至几十倍地增长。例如，要求 1958 年的钢产量要比 1957 年翻一番，由 335 万吨达到 1 070 万吨，1959 年要比 1958 年再翻番，由 1 070 万吨达到 3 000 万吨。粮食产量 1958 年要比 1957 年增产 80%，由 3 900 亿斤达到 7 000 亿斤左右，1959 年要比 1958 年增产 50%，由 7 000 亿斤左右达到 10 500 亿斤。由于硬要完成那些不切实际的高指标，导致瞎指挥盛行，浮夸风泛滥，广大群众生活遇到了严重的困难。从 1958 年“大跃进”开始的 3 年，“左”倾冒进导致了国民经济比例的大失调，并造成严重的经济困难。

种种事例表明，大自然中的一草一木都是遵循着一定的自然规律的，社会中的任何事物也是有其遵循的客观规律。作为“万物之灵”的人类也必须遵循这些客观规律。

人类的活动如果逆规律而动,那么我们将面临的是种种灾害所带来的惨重损失。

● 名言集萃

路是脚踏出来的,历史是人写出来的。人的每一步行动都在书写自己的历史。

——吉鸿昌

行一件好事,心中泰然;行一件歹事,衾影抱愧。 ——申涵光

古今中外,凡成就事业,对人类有作为的无一不是脚踏实地、艰苦攀登的。

——钱三强

不以规矩,不能成方圆。 ——孟子

世界上的一切都必须按照一定的规矩秩序各就各位。 ——莱蒙特

天下之事,不难于立法,而难于法之必行;不难于听言,而难于言之必效。

——张居正

如何朴实

实现人与自然的和谐相处,保持人在社会中的长远发展,必须牢固树立和全面落实科学发展观。在我们的实际生活中,无论是求学还是处事,都应当把"朴实"作为我们应当遵循贯彻的精神核心。那么我们又该如何做到"朴实"呢? 当前我们需要从以下几方面作出不懈的努力:

坚持务实的态度,做事认真踏实,拒绝浮躁

罗相明,是周口铁通扶沟经营部的装维班长,是铁通在扶沟县开展业务时第一批进入铁通的员工。他在装维这个岗位上默默无闻地工作,本着诚实做人、诚实做事、诚信服务的原则,数年如一日,在繁重琐碎的装维工作中,讲究一个"实"字,得到了广大用户的认可和同事的好评,也得到了公司的肯定。在工作中,他始终遵循"真情渗透细节,服务蕴涵至诚"的原则,对用户诚实守信,用心干事,用心服务,不仅把客户当上帝,而且把客户当朋友,建立平等、友好、信赖的关系,大大提高了客户对他个人的信任度,同时也提高了客户对铁通公司的信任度。

"世上无难事,只怕有心人",这里的"有心"显然是指一颗务实之心,一种认真踏实的处事态度。踏实做事,同时也要有激情。激情是一种奋发向上的精神状态,激情饱满

的人才会有强烈的职业责任和充沛的创造欲望,执著地争创一流。用心做事要有责任感,所谓在其职尽其责,在其位谋其政。这是我们谋求朴实人生的首要条件。

　　观察一下,在学习中,你觉得"浮躁、不踏实"有着怎样的具体表现,请想想这样的学习状态会带来怎样的后果。

发扬"实事求是"的精神,正确认识自然,遵循规律

　　1943 年,毛泽东亲笔书下"实事求是"作为延安中共中央党校的校训。1943 年,为了给学员创造更好的学习环境,丰富师生的精神文化生活,中共中央党校修建了一座占地 1 200 平方米、可容纳千余人的大礼堂。将要竣工时,人们左看右看,觉得建筑物虽然雄伟,可总显得少点什么。于是,有人提议在正面挂个题词。一说题词,大家就很自然地想到范文澜先生。但范老试着写了几条,都觉得不满意,就提议去找毛泽东。毛泽东欣然接受了党校同志的请求,立即叫人拿来 4 张二尺见方的麻纸。他秉笔沉思片刻,随即饱蘸浓墨,迅速挥毫,瞬间,"实事求是"4 个雄健潇洒的大字跃然纸上。大家齐声称赞毛泽东对马列主义研究得精深、透彻,一下就抓住了问题的实质。题词后来制成石刻,嵌入了礼堂的正门。画龙点睛之笔,使这座建筑物倍生光辉。从此,这一题词就成了党校学员乃至全党学习研究马列主义的座右铭。

　　现在,"实事求是"已进入哲学最高领域,成为改造主观世界和客观世界的有力的思想武器,成为中国共产党的行动指南。我们中学生用心求学时,也要尊重客观规律,要有方法、有智慧。为学的方法得当,抓主要矛盾、抓重大问题,善于从纷繁复杂的学习任务中理出头绪,重点推进,会收到事半功倍的效果。这恰恰是在治学处事中做到朴实、有效的根本途径。

　　议一议,在各门学科的学习过程中,我们有着哪些切实有效的策略与方法,请把它们总结出来,向周边的同学推广一下。

追求人文关怀,贯彻"以人为本"的科学发展观

　　焦裕禄,中共党员。1962 年 12 月,焦裕禄被调到兰考县,先后任县委第二书记、书

记。他上任之后带领全县人民进行封沙、治水、改地。焦裕禄身先士卒，以身作则。风沙最大的时候，他带头去查风口，探流沙；大雨瓢泼的时候，他带头踏着齐腰深的洪水察看洪水流势；风雪铺天盖地的时候，他率领干部访贫问苦，登门为群众送救济粮款。他经常钻进农民的草庵、牛棚，同普通农民同吃同住同劳动。他把群众同自然灾害斗争的宝贵经验，一点一滴地集中起来，成为全县人民的共同财富，成为全县人民战胜灾害的有力武器。他常说，共产党员应该在群众最困难的时候，出现在群众的面前；在群众最需要帮助的时候，去关心群众、帮助群众。他的心里装着全县的干部群众，唯独没有他自己。1964 年 5 月 14 日，焦裕禄被肝癌夺去了生命，年仅 42 岁。他去世后，全国报刊先后刊登了数十篇通讯报道，在全国掀起了一股学习焦裕禄的热潮。焦裕禄是各级干部特别是领导干部学习的榜样。

坚持以人为本就是要尊重人、理解人、关心人，就是要把不断满足人的全面需求、促进人的全面发展，作为发展的根本出发点。人类生活的世界是由自然、人、社会三个部分构成的，以人为本的新发展观，从根本上说就是要寻求人与自然、人与社会、人与人之间关系的和谐发展。我们同学在为学处事中，要充分发挥自己的主观能动性，注重以人为本，让自己的情感始终保持积极和谐的状态，让自己的发展与国家、社会的发展进一步协调起来，让自己的人生充满朴实的光辉。

生活中有哪些举措体现了人文精神？作为祖国的未来，你准备从身边哪些方面做起，做到以人为本呢？你认为个人的理想与追求应当如何与祖国、民族的未来相协调？

"倾听天籁"摄影作品

● **活动超市**

1. 以团队为单位利用假期开展水资源、土壤资源、森林资源等环境问题调查活动。

2. 开展"倾听天籁"主题摄影比赛。

3. 以班级为单位开展"自主学习，踏实无华"的优秀学生评比活动。

4. 以班级为单位,开展"我为校园出点子"的活动,从"人文关怀"的角度出发,为校园环境建设提出合理的建议。

振华学生参观自来水厂

自来水厂工作人员为参观学生介绍水力设备

第三课　淳朴
——质朴天真　淳朴敦厚

　　王淑贞10岁进入振华女校读书。19岁考取清华大学中美庚款奖学金赴美留学。22岁进入美国约翰斯大学医学院，获医学博士学位。

　　1906年王淑贞回到上海，进入西门妇孺医院工作。1937年，抗日战争爆发，由于医院和医学院位于上海的郊外，不属于"租界"范围，因此遭到严重破坏，一切医疗与教学工作被迫停止。此时王淑贞与医院职工加入了救护伤病员的工作，他们在觉民小学设立了难民医院，收治从敌占区逃出来的孕产妇和新生儿。后又在徐家汇路850号建立了临时医院。王淑贞和她的同事冒着枪林弹雨将西门妇孺医院残存的医疗设备从西门外搬到法租界的边界徐家汇路，使医疗工作得以正常进行。在当时恶劣的环境下，王淑贞收治的大多是贫苦的农民和肇家浜船民，而且从不收他们的医药费。

上海西门妇孺医院门诊部

　　许多亲友担心王淑贞的安危，劝她离开上海。王淑贞反复思考，想到当初回国就是为了救治祖国的病患，现在不管是苦难的船民，还是贫穷的难民都离不开她，因此坚持留下来把医院办下去。

　　这是一位多么伟大的医学工作者，她的内心是淳朴的。人也正是因为拥有了一颗淳朴的心，在任何时候才能迸发出人性的光辉！

　　📖　她是振华的校友，你为之而自豪么？从事例中看出，王淑贞校友身上有着怎样的优秀品质？

何谓淳朴

老子说:"不自见,故明;不自是,故彰;不自伐,故有功;不自矜,故长。"老子提出人际交往中要注意的"四不",即不自我张扬,因此反而高明;不自以为是,因此反而彰显;不自我夸耀,因此反而有功;不自我矜持自负,因此反而能长久。老子的这些话,不正指出了老实人不吃亏的道理,不正说出了淳朴会带来回报的道理吗?

对中学生来说,"质朴天真,淳朴敦厚"就要做到对待父母和老师能情礼兼到、温恭自虚,学会将心比心、以诚相见;对待同学能以礼相待、泰而不骄,学会设身处地为他人着想,与他人和睦相处;以朴实无华的言语和方式、方法来阐述自己的想法和做法,不弄虚作假,不营私舞弊,依靠自己淳朴的人格魅力感染他人,赢得他人的理解与尊重,从而建立起自己的信心和尊严。

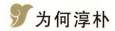 对于"淳朴",你还有其他的理解吗? 看看你的身边,有具备这一品质的人吗? 请举个例子。

为何淳朴

老实人不吃亏

潮州地方流传着这个传说。很久以前潮州府城外有一座古寺庙,庙里有个已近垂暮之年的云寂和尚。他知道自己在世上的日子不多了,就把他的两个弟子喊来,一个叫一寂,另一个叫二寂。云寂和尚交给他们两袋谷种,要他们去播种插秧,到谷子成熟的时候再来见他,谁的谷子收获得多,谁就可以继承衣钵,做寺庙的住持。等到谷子成熟的时节,一寂挑了一担沉沉的谷子来见师父,二寂却两手空空。二寂惭愧地说他没有管好田,谷种没有发芽。云寂和尚听完便把袈裟和瓦钵交给了二寂,指定他为未来的住持。一寂当然不服,但是师父道:"我给你俩人的谷种都是煮过的。"

原来云寂和尚在选择接班人时要看看那人是不是淳朴老实,是不是处厚不居薄、处实不居华。结果一寂不淳厚,玩小聪明,做了假;二寂淳朴诚实,实事求是。结果是:不老实的人,没有好结果;老实人却没有吃亏。

真实,所以美丽

三年前,她被请去当歌手大奖赛的评委。她对每一位选手都认真地观察,然后慎重地打分。她是三个评委之一,最终谁能晋级,谁被淘汰,要根据她们打的分而定。她们做出了选择,把纸条交给了主持人。几分钟之后,主持人宣布结果。让她大吃一惊的是,结果居然不是她们选择的那个。很明显,有人进行了暗箱操作。另外两个评委沉默了。她愣了一会儿,拿起话筒说:"很抱歉,这个结果不是我们刚才评选的那个。"此言一出,观众全愣了,全场静得掉一根针也听得到。她说:"孩子们千辛万苦地来比赛,到最后关头却是这样的结果,我想他们会委屈的。评委应该有自己的良知,我不想骗观众,不想昧着良心做事。"

生活中什么最美丽?是真实。真实的东西总会打动人,就像那些花,虽然会凋零,可人们还是喜欢它,因为它开得真实落得也真实;而那些假花,即使永不凋谢,人们还是觉得它们美得不真实。

在实践中去伪存真

李嘉诚教育他的两个儿子时反复强调:"要令别人对你信任。不论是一个商人还是一个国家都是无信不立。"他还说过:"以往百分之九十九是教孩子做人的道理,现在有时会谈论生意,约三分之一谈生意,三分之二教他们做人的道理。因为世情才是大学问。世界上每一个人都精明,要令人家信服并喜欢和你交往,那才最重要。"

道理听起来往往很简单,但要真正了解它,深刻认识它却并不容易,而要实践它则更难,往往需要时间,需要多种经历,所以古语有云:"吃一堑,长一智。"

商家如果只知道追求利益,整天想出千奇百怪的花招哄骗消费者,那可真应了"无商不奸"这句话了。但是如果他们认真去发掘、研究中国乃至世界大商人的淳朴的智慧,站在他们肩膀上去超越,去获得新的成功,会是一条更好的经商发家的道路。

美在于心灵,拥有淳朴的心在人生旅途中是至关重要的。人生就像是一只船,淳朴的心便是船桨,拥有淳朴的心,船就会有前进的动力,一步步到达成功的彼岸;如果一个人没有淳朴的心,船也就没有了前进的动力,始终达不到终点,人的一生就没有任何意义、任何价值。我们要想成功,就要有奋斗目标,掌好"淳朴的心"这只船桨。

小行为,大道德。的确,从一个人的言行举止就能看出这个人的品质、思想、性格。拥有淳朴的心是一种美,它会给我们的人生添加一道亮丽的风景线。从生活的小事做起,从身边的点滴做起,你会快乐一生,终生受用。永远记住:美在于心灵,拥有淳朴的心才是最真的美。

● 名言集萃

理想是指路明灯。没有理想,就没有坚定的方向;没有方向,就没有生活。

——列夫·托尔斯泰

智慧有三果:一是思虑周到,二是语言得当,三是行为公正。

——德谟克利特

人生须知负责任的苦处,才能知道尽责任的乐趣。 ——梁启超

谦虚对于优点犹如图画中的阴影,会使之更加有力,更加突出。

——牛顿

倦怠乃人生之大患,人们常叹人生暂短,其实人生悠长,只是由于不知它的用途。

——维尼

不勤勉的人生便是罪过,无技艺的勤劳就是粗野。 ——罗斯金

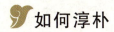 想一想,你还知道哪些有关"淳朴"的名人名言,你从这些名人名言中能发现自己在学习与生活中有哪些不足吗?

如何淳朴

淳朴的人应有一颗孝敬的心

父亲打电话来,刚接通,他就说:"我在和客户开会,爸,你有急事吗?"电话那头愣了片刻,说:"我没事,只是想你,想知道你在干什么,既然你忙,那就挂了。"挂断电话后,他看到客户脸上有些不悦,他失去了那个客户。不是因为他接了电话,而是他匆匆

挂断了那个电话。那位客户说："人对待优先的事情,永远都有的是时间。而父亲来电话不接,不是因为没有时间,是因为你认为亲情没有生意优先。一个把生意看得比亲情重的人,我有理由信任你吗?我奋斗了20多年,一直想接寡居的母亲来住,起先因为条件不允许,后来因为谈恋爱,再后来因为有了儿子……总之,都没有实现。当我终于换了大房子,想接母亲来住时,母亲却撒手人寰……也许失去我这个客户,会使你懂得面对亲情永远都应该有时间这个道理。"

古人云:"百善孝为先。"同学们,做一个淳朴的人,应有孝心。在行动中,应多做一些力所能及的家务,多承担一些家庭成员的义务;在思想上,应多与父母沟通交流,增进了解。让我们和父母一起将家庭营造成温馨的港湾,用家庭和睦来体现自身的淳朴。

淳朴的人应有一颗善良的心

"善良的心"应该是一颗厚道而宽容的心。我们要秉持着"宁可他人负我,不可我负他人"的态度,宽容大度地对待他人。更重要的是,我们在生活中要正确对待那些曾经批评过我们、甚至伤害过我们的人。

我8岁的时候,有一次到姨妈丽比家过周末。晚上,一个中年男子来了,他和姨妈寒暄之后就和我这个小孩聊起天来。那阵子,我正为船舶着迷,他和我聊起了各种各样的船,我高兴极了。在他走后,我兴奋地谈起他,说这个人真是行家,关于船舶知道得那么多。姨妈告诉我,他是一个纽约商人,其实对船舶的事情并不关心,对这个话题也不感兴趣。"那他为什么一直和我聊船舶呢?"我问。"因为他是一位绅士,知道你喜欢,就尽他所知道的,和你聊你感兴趣的话题,这样你会高兴。他是一个愿意为别人着想的人。"这件事让我懂得,在这个世上无论是对朋友还是家人,甚至是陌生人,一定要善良,这样才能赢得别人的爱与尊重。

同学们,做一个淳朴的人,应有一颗善良的心。哲人卢梭说:"善良的行为使人的灵魂变得高尚。"在学校里,应和同学友好相处,乐于助人,关心班集体,积极参加学校各项活动;在社会上,应拾金不昧,扶贫助弱,积极参加公益劳动,积极参加各类慈善募捐活动,用善心爱举来反映自身的淳朴。

淳朴的人应有一颗快乐的心

哲学家苏格拉底单身时,和几个朋友住在一间只有七八平方米的小房子里。他总是乐呵呵地说:"朋友们住在一起,可以随时交流思想、交流感情,难道这不是值得高兴的事吗?"朋友们成家,先后搬出,屋内只剩下他一个人,他每天仍非常快乐。他说:"我有很多书啊。每一本书都是一位老师,和这些老师在一起,随时请教怎不令人高兴?"苏格拉底成了家,搬进一楼,仍是一副其乐融融的样子,他说:"一楼多好啊!进门就是家,搬东西很方便,朋友来访很方便。特别让我满意的是,可以在空地上养花、种草。这些乐趣真好呀!"过了些日子,他把一楼让给家有偏瘫老人的朋友,自己搬到最高层,仍是快快乐乐地说:"好处多着呢!每天上下楼几次,有利于身体健康;看书、写文章光线好;没有人在头顶上干扰,白天黑夜都安静。"他的学生柏拉图评价说:"决定一个人心情的,不在于环境,而在于心境。"

同学们,做一个淳朴的人,应有一颗快乐之心。哲人布雷默说:"真正的快乐是内在的,它只有在人类的心灵里才能发现。"在学习上,乐观地面对学业暂时不理想的现状,调整方法,刻苦努力,迎头赶上;在生活中,遇到不顺心的事不怨天尤人、消极回避,多换位思考,调节情绪,向积极的发展方向努力,用乐观上进的态度来提升自身的淳朴。

● 活动超市

1. 开展百年校史演讲和知识竞赛活动,让校训、校风和学校精神深入人心。

2. 开展"朴冠振华"师生评选活动,并组织专场事迹报告会。

3. 邀请学区内经历过战争岁月的革命老前辈来校宣讲,让师生一同感受他们壮丽而质朴的人生。

4. 开展父亲节、母亲节爱心卡制作活动。

5. 开展班级"厚道之星"评选活动。

6. 开展一轮"班风大扫除"主题班会,以辩论赛的形式就班级现存的一些不良现象分场次进行剖析,统一思想,明确班规。

7. 制作一期"数落数落我自己"的主题板报,让同学们就自己的学习和生活提出几条不足之处,并附上相应的改进措施。

仁 仁以处世

单元说明

　　"仁"本指人与人之间相互亲爱。"仁爱、仁德、仁义"已经成为中华民族的最高道德境界。古人强调要为"仁"的实现而献身,即孔子的"杀身成仁"和孟子的"舍生取义"。

　　华夏文明源远流长,炎黄子孙生生不息,"仁"这一思想始终流淌在中华民族的血液之中。仁爱让我们从野蛮中脱离出来,爱己,爱人,更热爱自己的国家和民族。仁义让我们坚持自己的准则,去实现自己的人生价值。在民族危亡之时,有多少仁人志士挺身而出,用铮铮铁骨撑起那民族不朽的脊梁。振华中学从王谢长达开办发展至今,正是"仁"这一精神的最好写照。何泽慧、李政道、杨绛、费孝通等一个个伟人,让我们真正感动的是他们辉煌不朽的灵魂。对人民的热爱,对祖国的满腔诚挚,对理想的执著,是他们人生奋斗的动力。他们燃烧了自己的青春,为祖国的繁荣、民族的复兴,做出了卓越的贡献。

　　梁启超曾说:"少年强则国强。"同学们,你们担负着伟大的使命,在这承前启后的关头,该如何对待生活,如何实现人生价值呢?"仁"这一中华民族的文化精髓会给予你心灵上的熏陶与启发。

第一课 仁爱
——尊重生命 仁爱善良

振华女校的校长王季玉先生生活俭朴，她的卧室陈设简陋，仅可容身，她穿布衣布鞋，还一补再补，挚友戏称她"叫花子校长"。季玉先生心中装的全是学生。一些家庭贫穷的学生，经常得到她的资助。平时她经常到学生宿舍，关心学生的被褥是否暖和，生活有什么困难。在学生心中，王校长既是严师，又是慈母。振华的老学生们都说："我们很爱很爱季玉先生，她嫁给了振华，振华给她带来了众多儿女，亲如骨肉。"1967年3月14日，季玉先生病逝，她终身未嫁，全身心奉献给教育事业。季玉先生对学生的关爱和无  私付出是对他人生命的尊重；而她对自己严格要求，勤俭节约，目标明确又孜孜以求，是对自身价值的更高追求。季玉先生的教育境界更是上升到了大爱的境界，她把天地之爱融入爱的教育事业中。

季玉先生的节俭也是对地球上物质资源的珍爱，对比自己的生活习惯查找不足。季玉先生终生为自己的既定目标不懈追求，你有何感触？

何谓仁爱

所谓"仁爱"，就是为人宽厚慈爱，爱人爱己。翻读《论语》，可以发现对"仁"的经典解释莫过于"爱人"二字。"樊迟问仁，子曰：'爱人'。""爱人"即要有仁德之心，要尊重他人、关爱他人。尊重他人是维护他人生命的尊严，关爱他人是保持地球大家庭的和谐。浩瀚宇宙中，生命最为神奇，地球也因生命的存在而生机勃勃。热爱生命、尊重生命、呵护生命，更要呵护我们共同生活的地球家园。作为人类，我们应该提升我们的生命价值，不仅要丰富自己的生命历程，而且要在这一过程中不断提高自己的能力，关爱生命,关心他人。

　　对中学生来说,"尊重生命,仁爱善良"就是要做到爱护身边的每一个生命,保护环境,保护我们生存的家园。在生活中具备必要的安全常识,遵守相应的规则,确保自身和他人的人身安全。要学会互敬互爱,宽以待人,尽自己所能帮助他人,要提升自己的生命价值,为理想而不懈追求。

为何仁爱

"仁爱"能够保护环境,促进地球和谐发展

　　没有人会在意红腹滨鹬和鲎(hòu)之间有着什么特殊的联系。直到20世纪90年代,人类察觉红腹滨鹬的数量减少了70%左右,于是开始查找原因。随着调查的深入,真相浮出水面——红腹滨鹬与鲎的生存密切相关。

　　鲎亦称马蹄蟹,但并不是蟹,而与蝎、蜘蛛以及已灭绝的三叶虫有亲缘关系,所以鲎有"活化石"之称。人类利用鲎的蓝血制造鲎试剂,可以准确、快速地检测人体内部组织是否因细菌感染而致病,并在制药和食品工业中,用它对毒素污染进行监测,同时也使用鲎血研究癌症。鲎一般都是在沙滩上产卵,这些卵具有很高的蛋白质,适合做鸟类的食物。可是随着鲎的减少,鲎卵也急剧减少,红腹滨鹬无法补充到足够的食物,大多数在迁徙途中精疲力竭,无法到达目的地去繁殖后代。正是人类大量捕杀鲎,才导致鲎的数量迅速减少,同时也使另一物种几乎遭到灭顶之灾。

　　这个事例说明,每一种生物无论大小,都彼此相关。红腹滨鹬和鲎的命运其实就掌握在人类手中,而人类的自私很可能导致它们消亡。近年来,人类对环境不够珍惜,随心所欲地破坏环境,这无异于自掘坟墓。早在1996年联合国环境署就曾发出警告:南极臭氧空洞正逐步增大,地面紫外线辐射增强,皮肤癌发病率上升;1.2亿人口生活在混浊的空气里;12亿人口生活缺水;12%的哺乳动物和11%的鸟类濒临灭绝;每年地表

土壤流失200亿吨；森林以每年450万公顷的速度消失。这些惊人的数字，向我们发出了严正的警告。珍爱地球，珍惜环境，关爱动物，呵护每一个生命就是呵护我们自己。

列举一些破坏环境、虐待生命的事例。大家一起讨论尊重生命、保护环境的重要性。

"仁爱"能够优化环境，提高社会文明水准

明朝的"马皇后"，也就是朱元璋的妻子，历史上给予她的评价颇高，"生如夏花、逝如冬雪"是她一生最好的写照。她和朱元璋是"无论贵贱生死，永不相弃"的夫妻典范。朱元璋被困，她不离不弃，冒着生命危险为其送饭；朱元璋领兵征战，她有胆有识，坚强执著，捐出所有财物劳军，在后方组织妇女缝补衣物；朱元璋富贵，她不骄不奢，简朴从容，时常劝其不要忘记民间疾苦；朱元璋权倾天下，她没有让自己的亲戚朋友因她是皇后而"鸡犬升天"，却对朱元璋说出了"愿得贤人共理天下"的至理名言；朱元璋残暴，她以仁慈博爱、宽容大度的胸怀把朱文正、李文忠、宋濂等人从屠刀下挽救出来。最让人感动的是她在生命的最后时刻，依然以一颗仁善的心关爱着他人。她说："人的生死是由命运决定的，求神拜佛是没有用的，医生只能医病，不能医命，如果让医生为我医治，服药无效，陛下一定会降罪于医生，这是我不想看到的。"她在病榻上含笑而终。这是一种怎样的仁爱精神呀！为了让朱元璋施仁政于天下，她不惜以自己的生命作代价。她被誉为一代贤后，历代史学家对她都交口称赞。

仁爱之情，能够优化社会环境。一个人有了仁爱之情，就会自觉承担起社会责任和义务，乐意去助人、济人、利人，他人遇难而相帮，遇危而相助。这种巨大的道德力量，有利于提高社会文明水准。这种仁爱之情，能够和谐人际关系。让我们都来做个仁爱善良的人吧！如果我们每个人都能心存仁爱，忘我无私，坚守善良，那我们的人生道路就会永远有和煦的春风萦绕，永远有温暖的阳光普照。珍惜生命，尊重生命，热爱生命，以仁爱善良之心记录生命的历程。

● 名言集萃

爱人者，人恒爱之；敬人者，人恒敬之。

——《孟子·离娄下》

我们的生命只有一次，但我们如能正确地运用它，一次足矣。——英国谚语

尊重生命、尊重他人也尊重自己的生命，是生命进程中的伴随物，也是心理健康的一个条件。　　　　　　　　　　　　　　　　　　　　——弗洛姆

有时我想，要是人们把活着的每一天都看做是生命的最后一天该有多好啊！这就更能显出生命的价值。　　　　　　　　　　　　　　　——海伦·凯勒

我的一生始终保持着这样一个信念：生命的意义在于付出，在于给予，而不是接受，也不是在于争取。　　　　　　　　　　　　　　　　　　——巴金

一句善言，可以医治一颗心灵；一颗善心，就像阳光和雨露一样，让人感觉温暖如春。　　　　　　　　　　　　　　　　　　　　　　——雨果

善良是一种世界通用语言，它可以使盲人感到，聋子闻到。　——马克·吐温

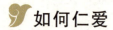 想一想，你还知道哪些有关"仁爱"的名言警句？你从这些名言警句中能得到什么启示？

如何仁爱

仁爱从小事做起：关爱生命，珍惜环境

在暴风雨后的一个早晨，一名男子来到海边散步。他一边沿海边走着，一边注意到，在沙滩的浅水洼里，有许多被昨夜的暴风雨卷上岸来的小鱼。用不了多久，浅水洼里的水就会被沙粒吸干，被太阳蒸干，这些小鱼都会干死。

男人继续朝前走着。他忽然看见前面有一个小男孩，走得很慢，而且不停地在每一个水洼旁弯下腰去，捡起水洼里的小鱼，并且用力把它们扔回大海。

他忍不住走过去说："孩子，这水洼里有几百几千条小鱼，你救不过来的！"

"我知道。"小男孩头也不抬地回答。

"哦？那你为什么还这么做？谁在乎呢？"

"这条小鱼在乎！"小男孩一边回答，一边拾起一条鱼，扔进大海，"这条在乎，这条也在乎！还有这一条、这一条、这一条……"

"勿以善小而不为"。从善待一棵小草、拯救一条小鱼、捡起一片垃圾做起，从身边一件件微不足道的小事做起，从你、从我做起，积少成多，齐心协力，让尊重生命、爱护环境的美德蔚然成风。

你在生活中有哪些节能减排、降低损耗的小窍门？又有哪些办法可以更好地保护我们的地球？

仁爱从身边做起：予人玫瑰，手有余香

大家一定听说过"盲人提灯笼"这个故事吧！也许会有很多人要取笑盲人："你走夜路总提着一个明亮的灯笼，真是多此一举！"可盲人却满心欢喜地说："你不知道其中的原因，我提灯笼并不是为自己照路，而是让别人容易看到我，不会误撞到我，这样我可以保护自己的安全，也等于帮助他人。"

孟子有句名言："爱人者，人恒爱之；敬人者，人恒敬之。"意思是说：爱别人的人，别人总会爱他；尊敬别人的人，别人总会尊敬他。人们之间的感情是互动的，关爱、尊敬别人，也就能得到别人的关爱、尊敬。我们的身边有许多人都在默默地付出辛劳和汗水：老师每天为学生批改作业，伏案备课，常常熬到深夜；社区的清洁工每天很早就上班了，他们为了保持整洁的环境辛勤地劳动着；公交车司机每天天刚亮就出勤，为的是给大家提供方便……一代楷模雷锋，他一生之中给予他人无尽的关心和爱护，那是无法用言语来表达的。我们生活在一个大集体中，彼此相关相连，要学会互相关爱。在这个大集体中，我们喜欢关心别人的感觉，也喜欢被关心的感觉。同学身体不舒服，给他递杯热茶，关切地问候几声；同桌忘记带橡皮，悄悄地递上一块；同学生病了，功课耽误了，我们就应该主动给他补课。在家里，我们要孝敬父母长辈，在父母疲倦的时候送上一句问候，递上一杯热茶。在社区内要主动帮助无依无靠的老人，为他们做些力所能及的家务活。关心、帮助他人就是自己心中装着别人；关心、帮助他人就是在自己开心的同时也让别人开心；关心、帮助他人就是理解别人。"予人玫瑰，手有余香。"关心、帮助他人能带给我们极大的快乐！处于困境中的人，陷于伤心中的人，得到了别人的帮助，心中就像盛开了一朵美丽的花儿，就拥有了整个春天！

讨论一下还可以从哪些方面来关心和帮助周围人？

仁爱从我做起：奉献爱心，回报社会

作为商人，张秀燕是成功的，但是真正让她"出名"的还是她那颗"爱心"。从1994年第一次捐助贫困学生起，在10多年的时间里，张秀燕长期资助津、浙两地农村的15位五保户，还在全国各地长期资助了53名贫困学生，帮助他们顺利完成学业。这些年，张秀燕通过各种方式捐款、捐物累计达600多万元。张秀燕并没有像许多人那样，只是一味地给予受捐人物质上的帮助，她更注重让爱心通过自己的行动升级，让爱心的接力棒在众人手中传递。2007年，张秀燕出资筹建了和平阳光义工爱心社，这是天津市唯一一家由民营企业家出资筹建的纯公益性机构。在商会，张秀燕希望通过自己的行动让更多的企业家会员承担社会责任。她认为，企业在发展过程中得到社会各界的支持，让企业家更多地参与公益事业，是对帮助过企业发展的人的一种感恩和回报。"我最大的愿望是让爱心的火种能够遍及每一个角落，把这份爱传递到更广、更远的地方，让更多需要帮助的人能够得到帮助，让这个社会能够更加和谐。"张秀燕说这是她一生的梦想。

爱心是一片照射在冬日里的阳光，它使贫病交迫的人感到人间的温暖；爱心是一泓出现在沙漠的泉水，它使濒临绝境的人重新看到生活的希望。同学们，让我们用美丽的心灵，传递人间的真情，把关爱注入我们所做的每一件事情中，成为我们生活的一部分。"人家帮我，永志不忘；我帮人家，莫记心上。"用自己的真心关爱他人，用自己的诚心温暖社会，用自己的奉献美化环境，诚心诚意地、踏踏实实地做好身边的每一件事。

 你怎样看待学校里举行的"爱心义卖"或"爱心捐款"活动？

● **专家建议**

保护环境，节约资源，从身边事做起；

珍爱生命，尊重每一个生命生存的权利；

自强不息，提升生命的价值；

关爱他人，传递爱的火把；

感恩社会,奉献自己的微薄之力。

● **活动超市**

1. 安全知识班会:通过各种校园安全的宣传教育,杜绝校园伤害;通过介绍各类灾难性事件的发生及应急举措,让学生掌握一些自我保护的对策。

2. 全校举行消防演练。

3. "珍爱环境,保护地球"环保倡议活动:通过收集废旧电池、饮料瓶等,提倡自带餐具,拒绝塑料制品,号召大家珍爱环境,保护我们的家园。

学习使用灭火器

4. 班会"让我们的生命更加绚丽":生命价值观教育,珍惜生命更要让自己的生命丰富多彩。

5. 校级"文明标兵"的评选活动:开展讲文明、懂礼貌,尊敬师长,团结同学,乐于助人的"文明标兵"评选活动,在活动中引领学生文明守纪,关爱他人。

爱心义卖活动

6. 开展"爱心义卖"、"爱心捐款"等活动。

7. 培智学校之行:带领部分学生到培智学校看望在校学生,帮助他们解决困难,使学生学会关爱他人,同时让学生深刻认识到身为健全人更应该勤奋学习,积极向上。

第二课　仁德
——通情达理　宽以待人

费孝通先生1990年12月提出了"中华民族多元一体格局"的观点以及"文化自觉"的思想,强调世界各民族的文化自觉、文化对话与文化包容。他说:"各美其美,美人之美。"每个人、每个族群、每个国家,都有自己引以为豪的历史和文化的"闪光点",都有自己认为正确的价值观、利益观、是非观和审美取向。先发现自身之美,再欣赏他人之美,以微笑的姿态看待别人的存在。只有学会欣赏他人,赞美他人,认同他人,方能达到互相理解,互相欣赏。

杨绛家中有一横一竖两张旧书桌,大的面西,是钱锺书的;小的临窗向南,是杨绛的。有人问:"为什么一大一小不一样呢?""他的名气大,当然用大的;我的名气小,只好用小的!"杨绛回答。钱锺书马上抗议:"这样说好像我在搞大男子主义,是因为我的东西多嘛!"杨绛笑吟吟地改口:"对,对,他的来往信件比我多,需要用大书桌。"听两位世纪老人谈话,清言妙语,谈笑风生,真是一种享受。特别是杨绛人如其文,在云淡风轻的谐趣之中,有潜沉的洞彻和谦和的宽容。

　　他们都是振华的校友哦,你为此自豪吗? 从以上例子中,你看出他们身上有着怎样的闪光点?

何谓仁德

儒家思想首先强调家庭内部的和睦有序,这有着尊老爱幼的含义,有利于维护家庭的稳定。家庭是社会的基本细胞,家庭的稳定有利于社会的稳定。儒家思想还把家庭内部的感情交流推广到整个社会,强调人与人之间的互相尊重和理解。这就是"仁德"的具体要求。

对中学生来说,仁德即"通情达理,宽以待人",要做到对师长、父母谦逊有礼,学会换位思考,相互理解;对同学能通情达理,推己及人,学会信任,学会以正确的方式、方法来表达自己的看法和主张,让他人易于接受,从而建立起和谐融洽的人际关系。

对于"仁德",你还有其他的认识吗?看看你的周围,有具备这一品德的人吗?请举个例子并加以评价。

为何仁德

"仁德"能够促进理解,化解纷争

每个人都很在乎自尊心。尊重他人,就是不要伤害到别人的自尊心。同样,别人对你的尊重能给你力量,让你更加自豪。

公元前279年,赵国的蔺相如完璧归赵,立了大功,拜为上卿,位在大将军廉颇之上。廉颇自恃功高,很不服气,扬言要羞辱他。蔺相如听到廉颇的话,不愿跟廉颇起冲突,常常称病不上朝。有时蔺相如坐车外出,碰见廉颇就赶紧避开。门客以为他胆小怕事。蔺相如说:"秦王那么厉害,我都不怕,难道还怕廉颇?我考虑,强大的秦国之所以不敢入侵赵国,是因为有我们两人在。如果二虎相斗,必有一伤,势必削弱抵御外敌的力量。我之所以躲避廉将军,是先国家之急而后私仇啊!"这话传到廉颇耳中,廉颇很觉惭愧,便袒衣露体,负荆登门请罪。廉颇对蔺相如说:"我粗野低贱,志量浅狭,开罪于相国,相国能如此宽容,我死不足以赎罪。"于是将相重归于好,成了生死之交。

妒忌往往是造成纷争的根源，通常难以避免。但蔺相如的高明就在于退避三舍。他的这一退，既顾全了大局，又给予廉颇以最大的尊重。如此通情达理、宽宏大量，让自己的对手都深感惭愧，负荆请罪，一场灾难性的权位之争最后得到圆满的化解。"不战而屈人之兵"，这正是人生智慧的最高境界。

明朝年间，山东济阳人董笃行在京城做官。一天，他接到家信，说家里盖房为地基而与邻居发生争吵，希望他能出面解决此事。董笃行反复思量后修书一封，道："千里捎书只为墙，不禁使我笑断肠；你仁我义结近邻，让出两尺又何妨。"家人读后，觉得董笃行有道理，便主动在建房时让出几尺。而邻居见董家如此，对自己以前的行为感到非常羞愧，也很有感悟，同样效法。结果两家共让出八尺宽的地方。结果，房子盖成后，就有了一条小小的胡同，世称"仁义胡同"。

如果争吵能解决问题，那么世界将会变得十分可怕。董笃行的明智就在于他对邻居表达了充分的尊重，"让出几尺"看似简单，实则表现了他宽广的胸襟。董笃行的通情达理，也必然换来邻居的尊重。结果一场激烈的争斗化解为一桩千古美谈。

"仁德"能够带来和谐，避免悲剧

社会是由人构成的，有人的地方总有各种各样的问题。人世间的烦恼、仇恨、甚至悲剧往往是由彼此的志量浅狭所造成的。如何避免悲剧，或许设身处地去为对方着想，"通情达理，宽以待人"不失为一个明智的选择。

春秋时，齐襄公被杀后，公子小白和公子纠为争夺王位而战。鲍叔牙助小白，管仲助纠。双方交战中，管仲用箭射中了小白衣带上的钩子，小白险遭丧命。后来小白做了齐国国君，即齐桓公。

齐桓公执政后，任命鲍叔牙为相国。鲍叔牙心胸宽广，有知人之明，坚持把管仲推荐给桓公。他说："只有管仲能担任相国要职，我有5个方面比不上管仲，即宽惠安民，让百姓听从君命，我不如他；治理国家，能确保国家的根本权益，我不如他；讲究忠信，团结好百姓，我赶不上他；制作礼仪，使四方都来效法，我不如他；指挥战争，使百姓更加勇敢，我不如他。"齐桓公也是宽容大度的人，不计射钩私仇，采纳了鲍叔牙的建议，任命管仲为相国。管仲担任相国后，协助桓公在经济、内政、军事方面进行改革。数年之间，齐转弱为强,成为春秋前期中原经济最发达的强国,齐桓公也成就了"九合诸侯,一匡天下"的霸业。

设想一下,如果鲍叔牙是一个嫉贤妒能的庸臣,如果齐桓公是个量小记仇的君王,那么悲剧就不可避免。从小的方面来说,管仲这样一个惊世之才的命运会何等悲惨;从大的方面来说,齐国将会错过一次腾飞的机会。有时历史就是这样,一次不同的选择,结局会截然相反。

三国时期的蜀国,在诸葛亮去世后任用蒋琬主持朝政。他的属下有个叫杨戏的,性格孤僻,讷于言语。蒋琬与他说话,他也是只应不答。有人看不惯,在蒋琬面前嘀咕说:"杨戏这人对您如此怠慢,太不像话了!"蒋琬坦然一笑,说:"人嘛,都有各自的脾气秉性。让杨戏当面说赞扬我的话,那可不是他的本性;让他当着众人的面说我的不是,他会觉得我下不来台。所以,他只好不做声了。其实,这正是他为人的可贵之处。"杨戏听闻这件事后,对蒋琬深感钦佩。后来,有人称赞蒋琬"宰相肚里能撑船"。

宽容,是一种境界,不锱铢必较,不耿耿于怀,和和气气地做个大方的人。宽容如水的温柔,款款地抹去彼此一时的敌视,使人们冷静下来,从而看清事情的缘由,同时,也看清了自己。那么误解、烦恼也就烟消云散了,悲剧也将远离你。

"仁德"能够加强沟通,达成共识

不同的背景造成了我们价值观的差异,谁都没有强迫别人接受自己想法的权利。民族、国家、个人都是如此。因此,我们更需要仁德。他人没有侵犯你最基本的准则,为什么不用一种宽容的态度对待呢?求同存异,或许是当代社会处理问题的基本准则。

1954年4月的万隆会议上,来自亚非29个国家的代表,由于各个国家政治、经济制度、发展水平、宗教信仰有很大差异,分歧很大,曾两次陷入僵局。在这一关键时刻,周恩来总理发言指出:"中国代表团是来求同的,而不是来立异的。"正是"求同存异"这四个字,成了万隆会议的指导思想,最终使会议取得成功。

对外国人的文化传统、生活习俗、宗教信仰、政治见解要充分了解、尊重,以宽容的态度来对待。在交往中，要寻找共同点，回避分歧点。选择共同感兴趣的话题进行交流，通过有说服力的事例和语言来增进他们对中国的了解，消除他们的疑虑和误解，从而达成共识，发展友谊。这次会议取得成功显然是我们民族处事哲学的伟大成功。

　　1972年，美国总统尼克松在为时一周的访华期间，与毛泽东主席进行了"严肃而坦率"的会谈。经过毛泽东、周恩来等老一辈政治家的努力，中美两国加强了沟通，求同存异，达成了共识。1975年12月，美国总统福特应邀访华。1978年12月16日，《中美建交联合公报》发表，美国承认中华人民共和国是中国唯一合法政府，在此范围内保留与台湾地区的文化、商务等方面的非官方关系。美国正式提出，自1979年1月1日起，美国终止美台"外交关系"；与此同时，也将终止美台"共同防御条约"，撤出驻台美军及军事机构。1979年1月1日，中美正式建交。

　　从《中美建交联合公报》上看，中美的建交恰恰是建立在双方的互相理解、互为尊重上。我国在不危及主权利益的基础上，做出了相应的让步。这样，两国在求同存异的基础上达成了共识。这也为整个世界、为国与国关系的发展开创了一条崭新的道路。
　　"夫仁者，己欲立而立人，己欲达而达人"，"己所不欲，勿施与人"。这是人际交往的理想境界，是形成良好社会道德风尚的要求，更是构筑美好和谐世界的必由之路。

● **名言集萃**

紫罗兰把它的香气留在那踩扁了它的脚踝上。这就是宽恕。——马克·吐温
世界上最宽阔的东西是海洋，比海洋更宽阔的是天空，比天空更宽阔的是人的胸怀。　　　　　　　　　　　　　　　　　　　——雨果
不会宽容别人的人，是不配受别人宽容的，但谁能说自己不需要宽容呢？
　　　　　　　　　　　　　　　　　　　　　　　——屠格涅夫
有时宽容引起的道德震动比惩罚更强烈。　　——苏霍姆林斯基
惟宽可以容人，惟厚可以载物。　　　　　　　——薛瑄
自家好处，要掩藏几分，这是含蓄以养深；别人不好处，要掩藏几分，这是浑厚以养大。　　　　　　　　　　　　　　　　　　　　——吕坤
泰山不让土壤，故能成其大；河海不择细流，故能就其深。　　——李斯

想一想,你还知道哪些有关"仁德"的名言警句?你从这些名言警句中能发现自己在学习与生活中有什么不足吗?

如何仁德

仁德首先要有宽广的胸怀

古希腊神话中有一位力大无比的英雄叫海格力斯。有一天他在山路上行走,发现路中间有个袋子似的东西很碍脚,便朝它踢了一脚,谁知那东西不但没有被踢开,反而膨胀起来。海格力斯有点生气,便狠狠踩下去想把它踩破,哪知那东西又膨胀了许多。海格力斯恼羞成怒,操起一条碗口粗的木棒狠砸下去,那东西竟然加倍地膨胀,最后大得快把路堵死了。一位圣人路过,连忙对海格力斯说:"朋友,快别动它,忽略它,离开它远去吧!它叫仇恨袋,你不犯它,它便小如当初;你的心里老记着它,侵犯它,它就会膨胀起来,挡住你前进的路,与你敌对到底!"

怨恨正如海格力斯所遇到的那个袋子,开始很小,如果我们忽略它,它就会自行消失;如果我们总想着它,心中就会充满怨恨仇恨,便再也装不下别的东西了。当我们怨恨到失去理智的时候,后果便不堪设想了。一位著名的心理学家曾经说过:善忘,是人生的一种佳境。只有心胸宽广,才能始终保持头脑的冷静与理智。

议一议,在生活中,你和别人争执时,情绪冲动的后果是怎样的?你觉得这样能解决问题吗?说说你的想法。

仁德不能总想着别人的错

早年在美国的阿拉斯加有一位年轻的先生,妻子因难产而死,留下了一个孩子。年轻的父亲因忙于生计照顾不了孩子,就训练了一条狗。这条狗聪明伶俐,能照顾孩子,它可以咬着奶瓶给孩子喂奶。有一天,主人要出门,叫它照顾孩子。年轻的父亲到了别的乡村,因遇大雪当日不能返回。第二天赶回家时,狗立即闻声出来迎接主人。主人一看屋子里到处是血，床上也是血，孩子不见了，只有满嘴是血的狗在身边。他以为狗兽性大发吃掉了孩子，大怒之下，拿起菜刀把狗劈死了。之后，他忽然听到孩子的声音从床下传出来，于是抱起孩子，发现孩子身上虽然有血但没有受伤。他很奇怪又去看狗，发现狗腿上的肉没有了，而在屋子的角落里还有一只死去的狼，嘴里竟然还咬着狗肉。他恍然大悟，但一切都太迟了。

当我们只想着别人的错误时，误会就开始了，而且越来越深。生活中我们千万要慎重，不要做和这位父亲一样的傻事。我们应该多想想自己身上存在着怎样的问题，给别人带来了怎样的影响。只有严于律己，才能真正地做到通情达理，宽以待人。

观察一下，你身边有遇事总会去挑别人错的同学吗？你喜欢这样的人吗？你觉得应该如何劝告他呢？

仁德需要彼此的换位思考

试一试：组织同学分为两组，一组扮演老师，一组扮演学生；针对学生衣着、发型不符合要求的问题，来表演教育的情景剧。一次表演结束后，两个组互换角色再次进行。最后每组派出代表来谈谈自己的感受，并提出解决问题的建议。

通过这样的活动，同学们应该很快会明白换位思考是避免冲突的最佳方式，我们试着以对方的角度、立场去思考问题，就能更清楚地认识问题的本质。这样做才能求同存异。

通过对以上内容的了解，你觉得融洽的人际关系是怎样的？你以前觉得爸爸妈妈唠叨吗？现在对此又有怎样的想法呢？在和同学交往中，你觉得自己成功吗？今后该如何去进一步完善呢？面对老师的批评，你觉得该以怎样的态度去接受呢？在消费时，当你对服务人员的工作不满意时，应该如何处理呢？

● **专家建议**

1. 处事大度理智，不能带着情绪去解决问题。

2. 尊重别人的处事原则，理解别人的处事方法。

3. 注意倾听别人的意见，从意见中去省察自我。

4. 委婉表达自己的观点，切忌指责对方或使用攻击性语言。

● **活动超市**

1. 以"通情达理，宽以待人"为主题排演情景剧，内容可以是历史典故，也可以是生活事例。

2. "学会宽容，快乐生活"——主题班会方案设计。

3. 以主题班会或者演讲比赛的形式让同学们讲述在生活中"通情达理，宽以待人"的故事。

4. "知荣明耻，弘扬中华民族传统美德"主题班会。

5. 利用晨会或班会，要求同学们进行"宽容度心理测试"。

6. "感恩的心——讲述父母的故事"主题班会活动。

● **友情推荐**

宽容致远

由于山的宽容　　　　　　　　久旱逢甘霖的赞美
所以他是尘埃落定的远方　　　我们拒绝风雨兼程的历练
由于海的宽容　　　　　　　　宽容的智慧收获了
所以她是百川归去的远方　　　金榜题名时的喜悦
人人都在追赶远方
却不能人人都成为远方　　　　人人都在向往远方
远方是豁达开朗的心胸　　　　却不能人人为远方改变
远方是深邃仁爱的襟怀　　　　远方是一米阳光的温馨
　　　　　　　　　　　　　　远方是一线生机的盎然

我们抱怨风多雨稠的洗礼
宽容的天空获得了　　　　　　宽容孩子吧

孩子使父母的恩情致远　　　　　　　　宽容丈夫吧
　　宽容学生吧　　　　　　　　丈夫使妻子的柔情致远
学生使老师的深情致远　　　　　　　　人人都在追赶远方
　　宽容妻子吧　　　　　　也一定人人都能到达远方
妻子使丈夫的豪情致远

（作者：鸿鹄之志）

第三课　仁义

——爱党爱国　矢志不渝

在振华中学校园的长廊里镌刻着建校以来所有教职员工的名字，见证着他们育人的功绩。在这些名字中，有一个叫做"张振寰"，他是谁呢？其实这个名字是张羽在上海为了躲避国民党的追捕而赴振华女中教学时的化名。也许，你同样不知晓"张羽"这个名字。可提到他负责编辑的，以惊心动魄的斗争画面和崇高的革命精神震撼了广大读者心灵的经典作品《红岩》，那一定是无人不知无人不晓了。

1921 年，张羽出生在豫西的农村。抗战开始，这位热血少年立即投身抗日救亡斗争，于 1938 年 2 月 22 日加入中国共产党，从此他的命运就始终与党相联系。1949 年前，他先后在河南和上海的学校、工厂从事秘密的革命活动。虽然生命面临着危险，但张羽从未退却，他的这种坚持真理、为党为国无私奉献的精神，正是中华民族代代相传的"仁义"精神。

何谓仁义

人的生活有两个方面：一个是物质生活，如对于吃、穿、住、行等方面的要求，这些是出于人的本性，是自然的要求；一个是精神生活，人生活在社会中，要与他人交往，这决定了我们每个人必然要学会待人处事的方法，要遵守社会的规范，要担负起社会责任，这些是社会的、人文的要求。"仁义"就表现了人精神生活的要求。早在春秋时期，孔子以"仁"为己任，以"义"为上，奠定了中国文化、民族精神的基础。

古人对于"仁义"的理解最早为仁爱与正义；宋代以后，由于理学家的阐发、推崇，"仁义"常与"道德"并称为"仁义道德"。《朱熹集注》曰："仁者，心之德，爱之理。义者，心之制，事之宜也。"朱熹认为"仁"是人内心的一种高尚品德，爱是它的根本。"义"是人内心对自己的一种约束，它是人们行事的原则和标准。人应该做正确的、适宜的事。

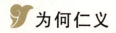 为何仁义

为了在纷繁复杂的世界中保持清醒

不惧强权的齐国太史

春秋时的齐国大夫崔杼把齐庄公杀了。太史记载："崔杼弑其君"，崔杼就把太史杀了。太史的两个弟弟接着记载，也被杀了，第三个弟弟接着又记载。此时南方有一史官听说了这事，就拿着竹简赶过去准备接班，而这次崔杼没有再开杀戒。南方这位史官途中得知，就返回原地。

正因为史官的真实记录，才让我们对这一历史事件极为清晰，否则可能留给我们的只是种种猜测。

在现实生活中，美与丑、正与邪、善与恶、曲与直、良与莠交织在一起，这就要求我们坚持自己的操守与原则：在"众人皆醉"的时候，保持一份清醒与独立；在面对"权势"的时候，能够无所畏惧；在与他人有利益冲突的时候，能维护正义，做出正确的选择。

 你能联系自己的生活实例为大家谈谈自己对以上一段话的理解吗？

为了国家的富强，民族的复兴

随着时代的发展，"仁义"的内涵日益丰富，到了今天，它不仅仅是指个人坚持气节，人与人情意相投，也包含着人们对于党、对于祖国的无比忠诚、热爱。

南湖会议、南昌起义、革命根据地创建、长征壮举、抗日斗争、解放战争……中国共产党带领中国人民高擎着马克思主义真理的火炬，在黑暗中浴血奋战，舍生取义。1949年10月1日，在天安门城楼上响起了毛泽东主席庄严的声音："中华人民共和国成立了！"中华民族终于独立，人民迎来了解放。

新中国成立以后，伟大的中国共产党继续领导着勇敢、勤劳、智慧的中华儿女在民

族复兴的道路上阔步前行,完成了社会主义革命,确立了社会主义基本制度,进行了改革开放,开创、坚持、发展了中国特色社会主义,绘就了一幅气势恢弘、感天动地的民族复兴画卷,一个面向现代化、面向世界、面向未来的国家巍然屹立在世界东方。

1949年开国大典 　　　　　　　　　　　　　国庆广场阅兵

"没有共产党就没有新中国,共产党辛劳为民族,共产党她一心救中国,她指引了人民解放的道路,她领导中国走向光明,她坚持了抗战八年多,她改善了人民的生活……"这嘹亮的歌声永远萦绕在我们耳畔。

新中国成立以来,在中国共产党的领导下,我国在政治、经济、科技、军事、教育、文化、医疗、民族团结统一等方面都取得了辉煌成就,请你任选一方面为大家介绍一下,并谈谈由此我们可得出什么结论。

● 名言集萃

唯仁者能好人,能恶人。　　　　　　　　　　　　　　——孔子

义之养生人,大于利而厚于财也。　　　　　　　　　　——董仲舒

我们爱我们的民族,这是我们自信心的泉源。　　　　　——周恩来

人民不仅有权爱国,而且爱国是个义务,是一种光荣。　——徐特立

如何仁义

仁义需要学会坚持原则,做正确的事

乔治·爱伦从爸爸那里收到了他的新年礼物——一枚闪亮的银币。这正是他需要

的，因为他有许多东西要买，他的愿望就要实现了，他心里是多么高兴呀。

刚刚下过一场雪，地上的雪还没有融化，阳光轻柔地照在地上，所有的东西都变得明亮了。于是乔治拿着他的银币上街去了。

刚出家门，乔治就被伙伴们拉去打雪仗，这是冬天小伙伴们最喜欢的一项活动。

乔治揉了一个很大很硬的雪球使劲向詹姆士·梅森掷去，但是狡猾的詹姆士·梅森躲过了雪球，雪球飞向了街道另一边房屋上的窗户。只听"啪"的一声，玻璃落了下来。

乔治因为害怕，就飞快地跑开了。但是没跑多远就停了下来，他觉得逃避责任不应当是一个男子汉所做的事。他决定回去，用自己那唯一的银币来赔偿打碎的玻璃。

他按动了门铃，从屋子里出来一位先生，乔治说："先生，是我把你家玻璃打碎的，我非常抱歉，但我并不是故意的，希望您能原谅我。"说着，他把自己那仅有的一枚银币拿了出来递给那位先生，说："这是我父亲给我的新年礼物，希望它能够赔偿您的损失。"

 如果你是乔治，你会如何做呢？为什么？

"原则"是人类社会颠扑不破、历久弥新、不言自明的真理，它是人类行为的准则。破坏原则会使人们的生活、工作遇到一系列的困难而无法解决，人类也会因此而消亡。同学们应注重自己的一言一行，使其符合原则。

仁义需要在关键时刻忠贞不屈、无所畏惧

文天祥是宋末的抗元名臣，他被元人俘获后，元军统帅、丞相以至元世祖再三劝降，许他为丞相。文天祥严词拒绝，最后慷慨就义。他死后人们发现在他的衣带上写着"孔子成仁，孟子取义，惟其义尽，所以仁至。读圣贤书，所为何事，而今而后，庶几无愧。"

他所写的《正气歌》内容如下：

天地有正气，杂然赋流形。下则为河岳，上则为日星，于人曰浩然，沛乎塞苍冥。

皇路当清夷，含和吐明庭；时穷节乃见，一一垂丹青。在齐太史简，在晋董狐笔，在秦张良椎，在汉苏武节。为严将军头，为嵇侍中血，为张睢阳齿，为颜常山舌。

或为辽东帽，清操厉冰雪；或为《出师表》，鬼神泣壮烈；或为渡江楫，慷慨吞胡羯；

或为击贼笏，逆竖头破裂。是气所磅礴，凛烈万古存。当其贯日月，死生安足论！
地维赖以立，天柱赖以尊；三纲实系命，道义为之根。嗟余遭阳九，隶也实不力。
楚囚缨其冠，传车送穷北。鼎镬甘如饴，求之不可得。阴房阗鬼火，春院闭天黑。
牛骥同一皂，鸡栖凤凰食。一朝濛雾露，分作沟中瘠。如此再寒暑，百沴自辟易。
哀哉沮洳场，为我安乐国。岂有他缪巧，阴阳不能贼！顾此耿耿存，仰视浮云白。
悠悠我心悲，苍天曷有极？哲人日已远，典型在夙昔。风檐展书读，古道照颜色。

　　文天祥作《正气歌》，是以历代先贤为榜样来激励自己。"仁义"精神也通过他的《正气歌》得到继承和发展。仁人志士在关键时刻总能挺身而出，成为民族的脊梁，将浩然之气代代相传，镌刻于民族的历史卷册中。诚如现代历史学家、国学大师钱穆先生所说："一部四千年中国史，正是一部浩气长存、正气磅礴的中国史，不断有正气人物、正气故事。故中国屡仆屡起，屹然长在。"

　　你知道《正气歌》中提到的故事吗？请为大家介绍一例。除此之外，大家还能补充些正气人物、正气故事吗？除了在历史中寻找正气人物和故事，大家还可以在自己身边找一找。

仁义需要践行爱党爱国

　　1906 年，爱国女士王谢长达为了培养社会栋梁之才，使民族强大、不再受外族侵辱，创办了"振华中学"，吸引了一批名流贤达莅临执教，他们积极传播"仁义"思想，大批学子从中受益。

建造英雄冢

　　"霜冷灵岩路，披麻送国殇。万人争负土，烈骨满山香。"这是曾任振华校董的李根源先生在 1932 年题写的一首五绝《奉安东战场阵亡将士忠骸》。从 1932 年到 1945 年，李根源曾先后 4 次为英勇牺牲的抗日将士建造英雄冢。第一次是 1932 年 4 月，日军攻进上海，守沪军队浴血奋战，死伤惨重。当时李根源先生已退出政坛多年，隐居苏州，他不忍袖手旁观，沪战一结束，立即献出苏州藏书镇善人桥北马岗山麓的一块墓地，带领爱国人士将牺牲的 78 名烈士安葬于马岗山麓，命名为"英雄冢"。安葬烈士那天，李根源执绋走在队伍的最前列，心情极为悲愤。

第二次是 1937 年"七七事变"后，日本侵略者向我国发动了全面性大规模进攻，不久于上海又爆发"八·一三"事变，沪淞会战的枪声响起。李根源再次与苏州爱国绅士做好后方供应工作，组织红十字会奔赴前方抢救伤员，殡殓忠骸。当年 11 月 5 日，李根源亲自运送阵亡将士忠骸 82 棺至苏州砚山，率乡民学生近万人，披麻致祭，负土安葬，同时写下了那首催人泪下的五绝。该处墓地沿称"小山头"。当地乡民统称打仗身亡的将士为"伤兵"，故而该山墓因葬抗日无名英雄后改称为"伤兵坟山"。

第三次是 1942 年夏，英勇牺牲在缅甸抗日前线的二〇〇师师长戴安澜的灵柩被运送回国。时为云贵监察使的李根源亲自主持了迎接戴师长灵柩的公祭仪式，同时向云南保山至安宁各县发出通电，令各县长率民众"敬谨郊迎，公祭忠烈"。

第四次是 1945 年初，抗战胜利，李根源辞去了云贵监察使之职，回到家乡云南腾冲，积极倡导修建腾冲国殇墓园。经过半年多的努力，国殇墓园完工了。园中建了忠烈祠、纪念塔、纪念碑。腾冲抗战中牺牲的军队官兵和民工的名字，都刻在纪念碑上。

　　爱党爱国是一种崇高的道德情感，正是这种情感使华夏儿女众志成城，夺取了革命和改革事业的一个又一个胜利。肩负着光荣的民族使命、承担着重大的时代责任的中学生该如何爱党爱国？

● 名言集萃

常思奋不顾身，以殉国家之急。　　　　　　　　　　　　　——司马迁

风声、雨声、读书声，声声入耳；家事、国事、天下事，事事关心。　　——顾宪成

我能舍弃一切，但是不能舍弃党，舍弃阶级，舍弃革命事业。我有一天生命，我就应该为它们工作一天！　　　　　　　　　　　　　　　　　——方志敏

做人最大的事情是什么呢？就是要知道怎样爱国。　　　　　　　——孙中山

● 专家建议

道义的价值高于生命,在生命与道义不可兼得的情况下,我们才舍生取义,这并不意味着我们能轻生,我们仍需珍爱自己的生命。

社会上流传着为朋友两肋插刀、赴汤蹈火的说法。我们帮助朋友需明辨是非,避免冲动之举。先贤所强调的"义气"非"江湖义气"。

● 活动超市

1. 请同学们搜集历史上有关"仁义"的名言和圣贤故事,并在黑板报上展示;开展以"追随仁义圣贤,沐浴幽幽古风"为主题的班会课。

2. 充分利用学校现有的"感动振华"系列活动,请同学以"坚守原则""维护正义"为基点来树立榜样,并向他们学习。

革命传统教育活动

3. 孔子的弟子曾子说"吾日三省吾身",请同学开展"反思"活动,要求及时地发现自身在"遵循原则、坚守正确"上的问题所在,并努力改正,完善自我。

4. 请同学利用课余时间看红色经典作品,了解党的发展历程,铭记党的优良传统,继承党的伟大精神。

5. 通过振华大讲堂组织同学听事迹报告会,学习共产党人追求真理、无私无畏的英雄品质,砥砺奋进。

6. 请同学以"建国伟业"为主题创作书画作品,了解新中国成立以来取得的辉煌成就,激发心中的民族自豪感。

"我是文明小主人"承诺活动

单元说明

同学们，提到"勇"，你们会想到哪些词语，哪些人物，哪些事情呢？也许你们已经想到了"勇气、勇敢、勇猛、勇略、自告奋勇、勇往直前、勇冠三军"等词语，这些可都是成功者的优秀品质啊！也许你们又想到了坚持哥白尼太阳学说，最后被活活烧死的布鲁诺，想到了"人生自古谁无死，留取丹心照汗青"的文天祥，还有手举炸药包、舍身炸暗堡的董存瑞……他们可都是"勇"的楷模啊！

《论语》中提到"仁者必有勇""知者不惑，仁者不忧，勇者不惧"，孔子以"知、仁、勇"为三达德，其中仁是核心，知所以知仁，勇所以行仁。孟子认为道德信念要达到不被利益得失动摇的境界，就必须具有"勇"的品格，"杀身成仁""舍生取义"正是大勇之举。

人格的完善，社会的进步，关键不在知与言，而在于行。但是，如果把握不好尺度，过于"勇"则不免冲动、莽撞，往往导致祸害；如果遇事胆怯、退缩、畏首畏尾，则常常会丧失机会、一事无成。所以"勇"需与谨慎、冷静为伴，"勇"要适度，才能取得成功。

所以，本单元将从勇气、勇敢、勇略三个方面，带领同学们一起认识"勇"，学习"勇"，践行"勇"。

第一课　勇气
——果断进取　勇于担当

20 世纪 30 年代初,大多数的中国妇女还在封建压迫下挣扎,一个年轻女子想闯入科学殿堂,简直是白日做梦。

当时报考清华大学物理系的几百人中只录取 28 名,但她是其中之一! 她就是我们振华校友——"中国的居里夫人"物理学家何泽慧!

何泽慧入学后,一些物理学教授提出,女生读物理难以学有所成,劝她转系。但她鼓足勇气据理力争,系里终于同意她试读一学期。结果,她不仅坚持到毕业,而且毕业论文以全班最高分夺魁!

何泽慧一生都在科学征程上充满勇气。抗日战争爆发后,她冲破德国那保密的技术物理系"不收外国人""不收女学生"的惯例,去学造枪造炮;新中国刚刚诞生,她冲破一穷二白的重重困难,为我国核物理研究的奠基工程立下功勋;她不怕打击、不计得失,冲到"两弹一星"前线去破解数据难题;就是在"文革"艰难的年月中,她还用那颗科学家的心观测天上的彗星,探寻科学的真谛。何泽慧追求科学的勇气是任何困难、挫折、打击都阻挡不了的!

有人说:天才就是百分之一的灵感加上百分之九十九的汗水。但对于我们的这位伟大的校友来说,勇气也是她成功的重要原因。你是个有勇气的人吗? 说说你曾经怎样鼓起勇气取得一些成功的。

何谓勇气

1.《辞海》:敢作敢为、毫不畏惧的气概。

（1）勇往直前的气魄："夫战，勇气也。"

（2）敢想敢干、毫不畏惧的气概：藐视困难的勇气。

2. 对于振华学生而言：果断进取、勇于担当。

虽然我们还是尚未成年的初中生，但我们可以充满勇气去挑战学习、生活中的任何困难，满载勇气去准备承担起学校、家庭、社会的一份责任与义务。

为何要有勇气

每个人都应拥有勇气

勇气不是谁的专属品格，只要你能够勇于面对自己，坦然面对天地，不惧、不恐、不惊，能够勇于献出一切，乃至自己的生命，你便是有勇气的人，而这种精神，就是勇气！

一个人可以有种种缺陷，但却不能没有勇气。拥有勇气，才能使自己变得坚强；拥有勇气，当困难摆在你面前时，你才会有永不放弃的信念；拥有勇气，你才会有新的希望；拥有勇气，想做的事情才会成功。勇气，是你在这个世界上生存的法则。

若是没有了勇气，人便会胆小怕事、贪生怕死，成为没有挑战性的人，最终一事无成，生命也会失去意义。一个人可以被毁灭，却不能被打败。我们应该时刻抱有一颗果断进取、勇于担当的心！这就是勇气的意义。

勇气助人成才

对普通人来说，勇气有着不可忽视的作用和意义。首先，每个人都面临生存和发展的竞争，一个没有勇气参与竞争的人，很难抓住机遇发展自己，这会直接影响其生存环境和生活质量。其次，我们每个人无论在什么情况下都要充满勇气，坚信"我能行"，这样才能愉快地、更幸福地工作和生活，并获得自身的全面发展。无数事实证明，凡能成就一番事业的人首先是一个有勇气的人，他们往往面对比普通人更多的未知、困难、风险甚至危险，还要经历"人生不如意事十有八九"的坎坷，长期孤苦寂寞的煎熬。勇气是我们每一个人都应当具备的一种精神品质。

勇气助国家兴旺

一个国家或一个民族的发展，总是面临着各种各样的选择，选择的不同导致生存和发展状况的不同。有的选择是必须作出的，否则就会影响生存和发展，或者蒙受损失。那些事关兴衰成败、前途命运和生死存亡的选择，则需要巨大的勇气才能做出。勇气是军队的魂魄，是战胜敌人的关键。勇气对科技发展和创新、对经济和各项社会建设同样有着举足轻重的作用。勇气对国家的兴旺、民族的振兴和崛起具有重大意义。

● 名人故事

民族英雄岳飞

民族英雄岳飞生逢乱世，自幼家贫，在乡邻的资助下，果断地拜陕西名师周桐习武学艺，积极进取。期间，目睹山河破碎，百姓流离失所，萌发了学艺报国的志向。春夏秋冬，苦练不辍，在名师周桐的悉心指导下，岳飞终于练成了岳家枪。他率领王贵、汤显等伙伴，加入到抗金救国的爱国洪流中，成为流芳百世的民族英雄。

勇于担当的商人

20 世纪初，美国金融危机时，著名投资者李文史顿在股市大萧条时果断将所有的巨额空单平仓，缓解了市场卖压；20 世纪末，香港金融危机时，李嘉诚不仅承诺不卖出股票，而且在市场陷入恐慌的时候，回购公司股份；美国 9·11 事件中，股神巴菲特明确声称将不会卖出一股股票……这些似乎都与商人投资获利的宗旨相悖，但他们在市场出现危机时敢于承担责任的做法，最终获得了人们的赞扬，得到市场的丰厚奖励。

罗兰说，性格决定命运。如果一个人优柔寡断，缺少魄力和担当，恐怕很难成就大事。勇于承担更多的责任，是我们成功的必备素质。

敢于担当是一种积极进取的精神。无数的例子表明，无论是工作还是生活，勇于负责的人最终都会得到人们的赞赏。所以，一个人要想实现自己的理想，首先就要端正自己的思想，对自己所做的事保持清醒的认识，一开始就要秉承负责到底的精神，努力培养自己良好的品质，这才是成功者应有的心态。也只有这样，在你最需要的时候，才会有人站出来为你说话，助你一臂之力。

● 名言荟萃

如果整个世界是公正的话，勇气就没有必要存在了。　　　　——普鲁塔克

多数人并非没有梦想，而是缺少面对梦想的勇气。　　　——杜士扬

人的勇气能承提一切重负。　　　——塞·约翰逊

勇气减轻了命运的打击。　　　——德谟克利特

勇气的考验通常不是去死而是活下来。　　　——阿尔菲爱利

有勇气承担命运，这才是英雄好汉。　　　——赫塞

如何才是有勇气的表现

正视现实

一位哲学家坐船到河的对岸。上船后，他看了一眼贫贱的船夫，用高昂的音调说："你懂数学吗？"船夫摇摇头说："不懂。"哲学家说："那你就失去了一半的生命。"随后，哲学家又问："你懂哲学吗？"船夫又摇摇头。哲学家便露出很遗憾的神情说："那你就失去了一半以上的生命了。"这时，刮过一阵狂风，掀翻了渡船，船夫和哲学家一起掉入了水中。船夫问正在水中挣扎的哲学家："你会游泳吗？"哲学家说："我不会。"船夫便得意地说："那你就失去了整个的生命。"

虽然，这个故事已经读过很多遍了，可它仍然撞击着我们灵魂的深处。这则故事也时刻提醒我们一个道理，那就是——正视现实。

高贵也罢，贫贱也罢，都不能离开眼前的现实。如果脱离或者忽视了现实，一味追求理想，那将一事无成。从古到今，任何一个成功人士，都重视现实——客观地面对现实，认真地对待现实，较好地解决现实中的问题，从而达到成功。如果那位哲学家不是夸夸其谈，显耀自己的学问，而是谦虚恭敬地对待船夫，也许在翻船之时，船夫就不会去嘲讽他。

勇于承担责任

陈任和张明是一家速递公司的工作搭档。一次，陈任和张明负责运送一件昂贵的古董。在交货码头，陈任把邮件递给张明，张明却没接住，古董掉在地上摔碎了。

张明偷偷来到老板办公室对老板说："这不是我的错，是陈任不小心弄坏的。"随后，老板把陈任叫到了办公室。陈任把事情的原委告诉了老板，最后陈任说："这件事

情是我们的失职,我愿意承担责任。"

后来,老板把陈任和张明叫到了办公室,对他俩说:"其实,古董的主人已经看见了你俩在递接古董时的动作,他跟我说了他看见的事实。我也看到了问题出现后你们两个人的反应。我决定,让陈任留下继续工作,用你赚的钱来赔偿客户。张明,明天你不用来工作了。"

任何一个老板都清楚,一个勇于承担责任的员工,对于企业有着重要的意义。问题出现后,推诿或者找借口,都能表现出一个人责任感的匮乏。

因此,勇于承担责任,并且把它当成一种习惯去培养并固定下来,一旦出现问题,就敢于担当,并设法改善。慌忙推卸责任,只会在伤害别人利益的同时也伤害到自己。绝大多数老板都不愿意让那些习惯推卸责任的员工来做他的得力助手。在老板眼里,习惯于推卸责任的员工,是不可靠的。

美国西点军校认为:没有责任感的军官不是合格的军官。同样,没有责任感的员工不是优秀的员工,没有责任感的公民不是好公民。没有谁能做到尽善尽美,但是,一个主动承认错误的人至少是勇敢的。如何对待已经出现的问题,能看出一个人是否能够勇于承担责任。

敢于挑战

以前日本渔民出海捕鱼,因为船小,回到岸时鳗鱼几乎都死光了。但是,有一个渔民,他的船和船上的各种捕鱼装备以及盛鱼的船舱,和别人完全一样,可他的鱼每次回来都是活蹦乱跳的,因此卖价高过别人。没过几年,这个渔民就成了远近闻名的大富翁。直到身染重病不能出海捕鱼了,他才把其中的秘密告诉儿子:在盛鳗鱼的船舱里,放进一些鲶鱼。鳗鱼和鲶鱼生性好咬好斗,为了对付鲶鱼的攻击,鳗鱼也就被迫竭力反击,求生的本能被充分调动起来,所以就活了下来。这位渔民最后忠告儿子,只有在挑战中,生命才会充满生机和希望。

一个人、一个单位甚至一个国家、一个民族,要生存、要发展、要壮大,就要敢于面对并接受各种各样的竞争与挑战,学会在竞争中抓住机遇,在挑战中获得成功。我们必须知道,以消极心态对待每一天,未来就会变得黯然无光,整日浑浑噩噩,人也会失去进取心,生活就没有激情;而用乐观向上、勇于应对挑战的心态去积极面对每一天,生活才会充满希望,人生才会具有意义和价值。

  思考:你赞同以下主人公的做法吗? 这些行为是"有勇气"的表现吗?

故事小品一:某个小孩被坏人拐骗,在火车站上,他借口上厕所,在厕所里他机智地得到一位陌生叔叔的帮助,终于逃脱了魔掌。

故事小品二:某小学生帮同学打架,被人用石头砸伤了头并出了血,不喊痛,同学称赞他有勇气。

故事小品三:小红在写作业,小明叫她去玩。小红有一道题解不出,不去,小明同意让小红抄他的作业,小红拒绝。小红经过自己的努力,题终于解出来了。

● 活动超市

1. 校园摄影大赛:拍下身边同学果断进取、勇于担当的瞬间,评比出最优秀的作品。

2. 《我身边的勇士》征文活动:讲一讲发生在我们身边的果断进取、勇于担当的故事。

"学习英勇的解放军"活动

第二课　勇敢
——迎难而上　坚韧不拔

　　抗战开始后,沈骊英以妊娠之身,带子女三人,开始流亡。自宁而湘黔,辗转数千里,抵达四川荣昌县。其间,她坚持田间试验和研究工作,亲手做记录,参加小麦播种和收割,同时还要照顾幼儿、防空袭、躲警报。过度劳累使她得了双腿剧痛症,当腿痛得难以举步时,就请人把她抬到田间去工作。晚上回来,常常疼痛难忍,暗自流泪。但次日一早她又照常不误投入工作。8 年中,沈骊英以惊人的毅力,选育出 9 个小麦新品种。

　沈骊英是你的校友哦！你觉得她的勇敢体现在哪些方面？

何谓勇敢

　　勇,气也。　　　　　　　　　　　　　　　　　——《说文解字》

　　勇,志之所以敢也。　　　　　　　　　　　　　——《墨子·经上》

　　勇,文之帅也。　　　　　　　　　　　　　　　——《国语·周语》

　　勇敢就是人们有勇于敢为人先的精神或气质。有勇气敢为人先的人才能被称作是勇敢的人。

　　对于我们振华的初中生而言,勇敢就是要迎难而上,坚韧不拔。也就是在艰难的情况下,我们要意志坚定、毫不动摇、永不退缩,努力攻克难关。

　　围绕"迎难而上、坚韧不拔",说说你所知道的关于"勇敢"的名言警句,讲讲你所知道的古今中外称得上"勇敢"的事例。

● 名言集萃

富贵不能淫,贫贱不能移,威武不能屈。　　　　　　　——孟子

慎重者,始若怯,终必勇;轻发者,始若勇,终必怯。　　——苏轼

勇者愤怒,抽刃向更强者;怯者愤怒,却抽刃向更弱者。　——鲁迅

患难可以试验一个人的品格;非常的境遇方才可以显出非常的气节;风平浪静的海面,所有船只都可以并驱竞胜;命运的铁拳击中要害的时候,只有大勇大智的人才能够处之泰然。　　　　　　　　　　　　　　　　　　——莎士比亚

虽然危险并未临近,而迎头邀击比长久注视其前来的好,因为如果一个人注视过久,他是很有睡觉的可能的。　　　　　　　　　　　　——培根

勇敢产生在斗争中,勇敢是在每天对困难的顽强抵抗中养成的。我们青年的箴言就是勇敢、顽强、坚定,就是排除一切障碍。　　　　——奥斯特洛夫斯基

● 故事会

司马迁忍辱负重写《史记》

司马迁,字子长,我国西汉伟大的史学家、文学家,所著《史记》是中国第一部纪传体通史,被鲁迅先生称为"史家之绝唱,无韵之《离骚》"。天汉二年(公元前99年),李陵出塞攻打匈奴战败被俘,司马迁替李陵说了几句解释的话,触怒了汉武帝,被投入监狱。第二年汉武帝杀了李陵全家,处司马迁以宫刑。宫刑是个大辱,污及先人,见笑亲友。司马迁在狱中,又备受凌辱,几乎断送了性命。他本想一死,但想到自己多年搜集资料、要写部史书的夙愿未了,便忍辱负重。太始元年(公元前96年),汉武帝改元大赦天下。这时司马迁50岁,出狱后当了中书令。在别人看来,也许是"尊宠任职",但是,他还是专心致志写书。征和二年(公元前91年),全书完成,共130篇,52万多字。

司马迁的勇敢是一种品格,是一种坚守,一种不曾剑拔弩张、依旧扼守尊严的人生艺术。

他命运多舛,屡遭坎坷。虽然含冤入狱,可依然坚持在狱中撰写《史记》。中国上下五千年的历史,司马迁记述了三千年。在当时条件下完成著述是多么不易!他之所以能完成此书,靠的正是那顽强的毅力,排除一切障碍的决心和永不放弃的精神。

"中国保尔"张海迪

张海迪5岁因患脊血管瘤,胸部以下完全失去了知觉,生活不能自理。但是身残志坚的张海迪没有放弃生命,没有放弃生活。她一面以坚强的毅力与决心同病魔作斗争,一面用勤奋的学习和工作延续生命。她不仅自学完了小学、中学全部课程,而且还自学了大学英语。后来又坚持学习日语、德语等,翻译了16万字的外文著作和资料。她刻苦学习、潜心钻研了《人体解剖学》《针灸学》等十几种医学书籍。她用学到的医学知识和针灸技术,为周围群众治病达一万多人次。她还学过无线电技术、音乐、绘画和书法,以此作为服务人民的本领。1993年,张海迪通过考试和论文答辩,获得吉林大学哲学硕士学位。1994年参加远南运动会。1997年入选日本NHK"世界五大杰出残疾人"。1998年起担任中国肢残人协会主席。2000年获得"全国劳动模范"称号。

无论是想在事业上取得胜利,还是想攀登人生的高峰,没有勇敢的品质和无畏的精神是不可能的。把勇敢无畏当做一种习惯,成功也就离你不远了。

🍃 为何勇敢

人无勇则怯

俗话说:"吃得苦中苦,方为人上人! 世上无难事,只要肯攀登!"一个人要想登上成功之巅,首先要有迎难而上、坚韧不拔的意志和信心!

我们每个人都想做生活的强者,做生活的勇者,如果放弃了迎难而上、坚韧不拔的勇敢精神,我们将会成为被人耻笑的懦夫。

勇敢是面对阻碍或者面对令人害怕的境况,仍然大胆向前的一种内在行动;胆怯就是懦弱,屈服于环境。勇敢的人,不会因为生活艰辛而失去追求和品位;胆怯的人会因为生命的无常,而丧失生活的勇气和意愿。

我们必须牢牢筑起勇敢的堤坝，以阻挡恐惧的洪水。我们不求行在平坦的路上，也不求轻省的担子，但求拥有力量与坚韧的品格，踏上乱石满布的道路。拥有勇敢，我们能越过一座座险峰，将每一块拦阻的坚石，变成踏脚的阶梯。

愚公移山

太行、王屋二山，方七百里，高万仞，本在冀州之南，河阳之北。

北山愚公者，年且九十，面山而居。惩山北之塞，出入之迂也。聚室而谋曰："吾与汝毕力平险，指通豫南，达于汉阴，可乎？"杂然相许。其妻献疑曰："以君之力，曾不能损魁父之丘，如太行、王屋何？且焉置土石？"杂曰："投诸渤海之尾，隐土之北。"遂率子孙荷担者三夫，叩石垦壤，箕畚运于渤海之尾。邻人京城氏之孀妻有遗男，始龀，跳往助之。寒暑易节，始一反焉。

河曲智叟笑而止之曰："甚矣，汝之不惠！以残年余力，曾不能毁山之一毛，其如土石何？"北山愚公长息曰："汝心之固，固不可彻，曾不若孀妻弱子。虽我之死，有子存焉；子又生孙，孙又生子；子又有子，子又有孙；子子孙孙，无穷匮也，而山不加增，何苦而不平？"河曲智叟亡以应。

操蛇之神闻之，惧其不已也，告之于帝。帝感其诚，命夸娥氏二子负二山，一厝朔东，一厝雍南。自此，冀之南，汉之阴，无陇断焉。

《愚公移山》的故事反映了我国古代劳动人民改造自然的伟大气魄和惊人毅力，说明了要克服困难就必须下定决心，持之以恒、坚持不懈的道理。

愚公以发展的眼光看待问题，不怕困难，不怕牺牲，积极奋斗，持之以恒，最终感动了天帝。如果愚公怯弱、畏难，怎么可能成功呢？

这个故事蕴含了丰富的哲理。现"愚公"常用以比喻做事有顽强毅力、不怕困难的人。

● **名言集萃**

所有坚韧不拔的努力迟早会取得报酬的。 ——安格尔
生活对于任何人都非易事，我们必须有坚韧不拔的精神。 ——居里夫人
伟大的事业是根源于坚韧不断地工作，全副精神去从事，不避艰苦。——罗素

国无勇则弱,有勇则强

火烧圆明园

其实,火烧圆明园的真正概念,
不仅是火烧圆明园,而且是火烧京西
皇家三山五园。焚毁的范围远远比
圆明园大得多。这三山五园是:万寿
山、玉泉山、香山三山,清漪园、圆明
园、畅春园、静明园、静宜园五园。

第二次鸦片战争期间,英、法组
成联军发动侵华战争。咸丰十年(1860 年)9 月,英法联军攻入北京。10 月 6 日,占领
圆明园。从第二天开始,军兵就疯狂地进行抢劫和破坏。为了迫使清政府尽快接受议
和条件,英国公使额尔金、英军统帅格兰特以清政府曾将英法被俘人员囚禁在圆明园为
借口,命令米启尔中将于 10 月 18 日率领侵略军 3 500 余人直趋圆明园。

英法侵略军把圆明园抢劫一空之后,为了销赃灭迹、掩盖罪行,英国全权大臣额尔
金在英国首相帕麦斯顿的支持下,下令烧毁圆明园。大火连烧三昼夜,使这座世界名园
化为一片废墟。

圆明园陷入一片火海的时候,额尔金得意地宣称:"此举将使中国与欧洲震惊,其
效远非万里之外之人所能想象者。"放火的主使者把这种行径看做了不起的业绩。而
圆明园还在熊熊燃烧之时,奉命留守北京的恭亲王奕䜣,就答应了侵略者的一切条件。
不久便分别与英、法、俄诸国交换了《天津条约》文本,签订了《北京条约》。这样,帝国
主义列强霸占了中国的九龙半岛和北部的大片领土,勒索去 1 600 万两白银的巨额军
费赔款。

原本华丽的圆明园,如今已是一片废墟,那是英法联军一把火烧了的瑰宝与精华,
好几代帝王的梦想和人民的心血。

我们不禁要问:圆明园被毁,惋惜之余,为什么英法联军敢在中国的土地上肆意抢
掠、烧杀呢? 为什么中国人不敢去制止呢?

思考再三,答案是:当时的清政府太软弱、太懦弱,弱到不堪一击,只能眼睁睁看着

圆明园毁灭。

　　1904 年,日本和沙皇俄国在我国东北地区交战,这是一场世界历史上罕见的、在第三国领土上进行的战争。为什么日本和俄国敢在我国土地上打仗呢? 同样是因为我们中国太弱。

　　卖国者奸,无智者莽,无责者私,无勇者弱。

中国航母出海

　　2011 年 7 月 27 日,中国新闻社记者在大雾弥漫的大连港口拍摄到中国改建的航母。当日,中国国防部新闻发言人耿雁生宣布,中国目前正利用一艘废旧的航空母舰平台进行改造,用于科研试验和训练。

　　就在中国首艘航母试航归来的这个周末,美国邀请越南一支军政联合代表团登上"华盛顿"号参观。

　　美联社认为,美军选在中国航母试航的节骨眼上向越南人炫耀自己的超级航母,其用心值得思考。

　　据日本共同社报道,日本防卫相北泽俊美称,日方将带着警惕感关注中国航母试航。

　　尽管此前中方已经表明改造航母的用途,但是北泽俊美依然称,希望中国能更明确透露配备航母到底有何必要。

　　而日本《产经新闻》的报道则认为,日本并未真正对此次试航大惊小怪,反而对于猜测中的中国国产航母应该予以高度关注。报道称,这才是会对日本产生影响的真正威胁。

　　韩国《朝鲜日报》报道,韩国军队内部有人指出,中国的"航母时代"到来后,韩国应该重新检验作战概念和战斗力增强计划,特别是急需"反航母"战斗力。

　　最近,日本防卫省智库"防卫研究所"首次公布分析中国军事动向的《中国安全保障报告》认为,中国增强军事力量,维护日益扩大的国家利益,确保海洋权益以及资源输送通道成为解放军"新的任务",呼吁日本政府"提高警惕",对中国海军的"远洋训练"变得"常态化",不断扩大活动范围。

　　中国的和平崛起、中华民族的复兴是历史的必然。与此同时,建设一支强大的海上力量以保障中国的和平发展,也已成为全党全军和全民的共识。

中国海军已逐步从一支近岸防御的"黄水"海军发展壮大为由水面舰艇、潜艇、航空兵、陆战队和岸防部队五大兵种合成的,具备从近岸作战到近海综合作战能力的"蓝水"海军。逐步建设了近海机动作战、基地防御作战、海上机动作战、两栖作战、海基核反击作战装备体系和综合保障体系,并已开始建设远海防卫作战装备体系。中国海军以其总体规模和兵种装备的完整性以及执行作战任务的多样性居于世界各国海军的前列。

 你能谈谈"迎难而上,坚韧不拔"的勇敢精神与国家的强大之间有什么关系吗?

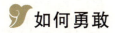 ## 如何勇敢

勇敢承担责任

人生在世,总要扮演各种各样的角色,承担各种各样的责任。

站在历史的海岸,漫溯那一道道历史沟渠,我们看到:范仲淹"先天下之忧而忧,后天下之乐而乐",以天下人之幸福安康为己任,所以范仲淹名垂青史;辛弃疾"醉里挑灯看剑,梦回吹角连营",以国家之安定团结为己任,所以辛弃疾流芳百世;林则徐"苟利国家生死以,岂因祸福避趋之",以社稷之安宁为己任,所以林则徐成为一代英雄。正是有了这些效忠尽责的人,我们的民族才得以延续,人民的幸福才得到保证。

古人用自己的方式承担着自己的责任,那么作为一个新时期的人,我们应该承担怎样的责任呢? 作为父母的孩子,我们要用孝心去回报父母的养育之恩,这是我们对父母的责任;作为地球的儿女,我们要用仁爱对待地球的每一个生命,这是我们对大自然的责任……责任无大小之分,无轻重之分,所有的责任都同样有意义,同样需要人们去承担。人只有承担起自己的责任,才能扮演好各种各样的角色。也只有勇敢地承担责任,生命才有了美好的意义。

许多人都在为我们做着表率,告诉我们责任的意义。晋文公的法官李离,他的下属判断错误,枉杀好人,他自己却伏剑而死。他说:"理有法,失刑则刑,失死则死。"面对

珍贵的生命,李离选择了承担起自己的责任,虽然他牺牲了生命,但他无畏的精神,无与伦比的责任心,与日月齐辉,与天地共存。责任——高于生命而存在!

面对大厦前飘扬的各国国旗,一个中国小姑娘做出了自己的选择,她来到会议负责人面前问:"为什么没有中国国旗?一定要升起中国国旗,因为我在这儿!"她用坚定的语调表达着中国人最炽热的爱国心,因为她知道爱国是每个中国人的责任,是每个炎黄子孙应尽的义务。

高震东老师说:"天下兴亡,我的责任。"我们要肩负起祖国强盛的责任,首先就必须担负起自己的责任,行孝重贤从扫屋起,于点点滴滴中铸灵魂,让自己成为一个高素质的人,一个有责任心的人!

勇敢地承担起自己的责任,生命的平台才会越建越高,人生才会富有意义!

明确自己所承担的各种责任

了解自己所承担的各种责任,是履行责任、养成责任心的基础。不同的社会角色,承担不同的社会责任。如为人父母,就承担着对子女的责任;为人子女,就承担着对父母的责任;为人夫,就承担着对妻子的责任;为人妻,就承担着对丈夫的责任;等等。社会成员除了要承担和履行社会结构中某一特定类型角色的责任外,还要共同承担以下责任:

对自己的责任

在认识自己独一无二的价值的基础上能满意地接受自己;能利用一切条件和各种机会发挥自己的潜能;关心自己的健康,谋求必要的生活条件;自尊、自爱、自律、自强。

对家庭的责任

尊重、体贴、帮助父母;关心、照顾长辈和兄弟姐妹;热爱家庭,努力创造和谐的家庭气氛,履行和担负起家庭的责任。

对他人的责任

接受和信任他人,富有深厚的怜悯心、同情心;尊重他人的人格、宗教信仰和风俗习惯,尊重他人的不同意见和看法;平等待人,有事大家商量;同学、朋友团结友爱、和睦相处;谦恭礼让,敬老爱幼,尊重妇女,关怀残疾人;珍惜时间,信守诺言。

对集体的责任

关心集体,积极参与学校、班级、社团、社区的各项集体活动,行使好自己的各项权利,承担并完成集体赋予的任务;为集体的建设和集体活动的开展出主意、想办法。

对国家的责任

了解祖国的悠久文化和历史,维护珍贵的传统文化价值;认识中国的国情、国体、政体和现阶段社会发展的基本特征,忠于宪法,尊重国旗、国歌、国徽;关心时事政治,了解祖国建设情况和国家的重大方针、政策,了解世界的重大事件;遵守国家和地方政府颁布的法律、法规,履行公民职责。

对人类社会的责任

对人类社会有深刻的理解,热爱世界上所有的人;利用一切机会参与国际间的合作和交流,尊重和欣赏别国文化,努力为世界和平和人类幸福作出贡献。

对生态环境的责任

对人类为征服自然所造成的生态环境的严重破坏进行深刻的反思,确立人和大自然互相依存的观念;爱护动植物,关心其他生命物种;搞好环境卫生与绿化,减少环境污染,合理利用能源。

● **名言集萃**

苟利国家生死以,岂因祸福避趋之。 　　　　　　　　——林则徐

天下兴亡,匹夫有责。 　　　　　　　　　　　　　——顾炎武

好好学习,天天向上。 　　　　　　　　　　　　　——毛泽东

 作为中学生,我们要在哪些方面承担自己应有的责任呢?

勇敢面对挫折

挫折是指个人从事有目的的活动时,由于遇到阻碍和干扰,其需要得不到满足时表现出的一种消极情绪状态。生活中的失败挫折既有不可避免的一面,又有正向和负向功能。挫折既可使人走向成熟、取得成就,也可能破坏个人的前途。关键在于你怎样面对挫折。

适度的挫折具有一定的积极意义,它可以帮助人们驱走惰性,促使人奋进。挫折又是一种挑战和考验。英国哲学家培根说过:"超越自然的奇迹多是在对逆境的征服中出现的。"

首先,挫折帮助你成长。人的成长过程是适应社会要求的过程,如果适应得好,就

觉得宽心和谐;如果不适应,就觉得别扭、失意。而适应就要学会调整自己的动机、追求和行为。一个人出生时,根本不知道什么是对什么是错,正是通过鼓励、制止、允许、反对、奖励、处罚、引导、劝说,甚至体罚才知道举止与行为如何得当,学会在不同环境、不同时间、不同规范条件下调整行为。反之,从小无法无天的孩子,一旦独立生活就会被淹没在矛盾和挫折之中。

德国天文学家开普勒,从小便多灾多难,在母腹中只呆了 7 个月就早早来到了人间。后来,天花使他脸上满是斑痕,猩红热又弄坏了他的眼睛。但他凭着顽强、坚毅的精神发奋读书,学习成绩遥遥领先。后来因父亲欠债他失去了读书的机会,他就边自学边研究天文学。在以后的生活中,他又经历了多病、良师去世、妻子去世等一连串的打击,但他仍未停下天文学研究,终于在 59 岁时发现了天体运行的三大定律。他把一切不幸都化作了前进的动力,以惊人的毅力,摘取了科学的桂冠,成为"天空的立法者"。

其次,挫折能增强你的意志力。现在不少青少年长期生活在优越的环境中,从进小学到读大学,直到工作,都由父母去承受压力,因而他们对各种困难体验都不深,缺乏忍耐力,没有坚强的意志,一旦遇到挫折就被击垮了。实际上生活中许多轻度挫折,是意志力的"运动场",当你大汗淋漓地跑完全程,克服了生活的挫折,就会获得愉快的体验。心理学家把轻度的挫折比作"精神补品",因为每战胜一次挫折,都强化了自身的力量,为下一次应付挫折提供了"精神力量"。

同时,挫折也有负面效应。在日常生活中,每个人对于挫折的反应并不相同。一方面这决定于对挫折的感情理解。如一个朋友批评了你,你可能会听从,甚至非常感激他,但如果曲解这位朋友的批评,认为有损你的尊严,那你的反应也许就大不一样了。另一方面,感情上的失落比物质上的失落反应更强烈。当你追求的目标代表着爱、名誉、地位、尊严时,一旦目标丧失,就会产生不良的心理影响,这也是一种负面效应。

人在遭遇挫折时,往往会缺乏安全感,使人难以安下心来,工作和生活都会受到影响。那么,人在遭受挫折的时候,又应如何进行调适呢?

第一,遇到挫折时应进行冷静分析,从客观、主观、目标、环境、条件等方面,找出受挫的原因,采取有效的补救措施。

第二,要有辩证的挫折观,经常保持自信和乐观的态度,要认识到正是挫折和教训才使我们变得聪明和成熟,正是失败才最终造就了成功。

第三,向朋友倾诉你遭受挫折的不快以及今后打算,改变内心的压抑状态,以求身心的轻松,从而让目光面向未来。

第四,学会自我宽慰,能容忍挫折,要心怀坦荡,情绪乐观,发愤图强,满怀信心去争取成功。

第五,补偿。原先的预期目标受挫,可以改行别的途径达到目标,或者改换新的目标,获得新的胜利,即"失之东隅,收之桑榆"。这是人的一种心理防卫机制。

第六,升华。人在落难受挫之后奋发向上,将自己的情感和精力转移到有益的活动中去,使之升华到有益于社会的高度。这也是人的一种心理防卫机制。

第七,应善于化压力为动力。遇到挫折和失败或即将遇到挫折和失败,会面临很大的心理压力,在这个时候,你是气馁,当逃兵,还是奋起,继续而勇敢地追寻? 这对人是一个很大的考验,很多名人、伟人在挫折和失败面前,从不低头、气馁,而是善于化压力为动力,从逆境中奋起。他们的成功经验很值得我们大家去深思、去学习。

如果把生命比作一把披荆斩棘的"刀",那么,挫折就是一块不可缺少的"顽石"。为了使青春的"刀"更锋利,让我们勇敢地面对挫折的磨砺吧!

● 名言集萃

对勇气的最大考验,就是看一个人能否做到败而不馁。　　　——英格索尔

千磨万击还坚劲,任尔东西南北风。　　　　　　　　　　——郑板桥

人生布满了荆棘,我们想的惟一办法是从那些荆棘上迅速跨过。　——伏尔泰

我以为挫折、磨难是锻炼意志、增强能力的好机会。　　　　　——邹韬奋

困难是欺软怕硬的。你越畏惧它,它愈威吓你。你愈不将它放在眼里,它愈对你表示恭顺。　　　　　　　　　　　　　　　　　　　　　　——宣永光

 在学习上、生活中遇到了困难,你会怎么做呢?

勇　敢

无法明白这世界	夜太伤,模糊的泪滴倾听呐喊
太多悲哀,太多无常	在耳旁
冲不破迷茫坚守的墙	他们说,他们说,少年啊
织不出梦想	请不要犹豫彷徨
似乎看不见希望的曙光	他们说,他们说,少年啊

请不要黯然神伤

他们说,他们说,少年啊

请抬头仰望,云轻花香

他们说,他们说,少年啊

请不要弃守阳光

即使天已不再蔚蓝,却并不肮脏

他们说,他们说,少年啊

请紧握同伴的手

在坎坷崎岖路上坚强成长

少年

人生难免跌跌撞撞

倒下再站起才是真坚强

不要让眼泪看见我悲伤

生命风帆才刚刚起航

不必因狂风暴雨阻挡

放弃追求向往

天空长明的星光不停说

他们说,他们说,少年啊

不要退却,不要停止,不要放弃

他们说,他们说,少年啊

加油,加油,加油啊

(作者:风月流)

勇敢面对失败

不愿意面对失败与不愿意承认失败同样不可取,人生最大的失败,就是永不敢失败。

失败是一种财富。

每当你开始干一件事的时候,失败可能随时伴随着你。如果你害怕失败,那么你将一事无成。每一个做父母的都知道,孩子不摔几跤是学不会走和跑的,而当父母看到孩子在摔跤中学会了走和跑的时候,他们的心情是激动的。

事实上,所有人都是这样长大的,你也不例外。

任何工作都是如此,只有在失败中,你才能真正学到本领。想长大成人,想超越自己,那么就必须记住:"失败是成功之母!"

一个步行的人,因为路不平而摔了一跤,他爬了起来,可是没走几步,一不小心又摔了一跤,于是他便趴在地上不再起来了。有人问他:"你怎么不爬起来继续走呢?"那人说:"既然爬起来还会跌倒,我干嘛还要起来,不如就这样趴着,就不会再摔跤了。"

这样的人,你一定认为是一个可笑的人,因为他被摔怕了,所以不敢再起来继续往前走,因而他也就永远无法到达目的地。

失败的原因有很多,春秋时期的韩非子曾说过:"不会被一座山压倒的人,却可能被一块石头绊倒。"如果你的性格中有自大、自满等不良因素,那么你就应该努力改变它,因为这种性格因素,都是极易引发失败的直接原因,而由这种因素引发的失败,将会让你损失惨重。

诚然,一般人几乎都讳言失败,甚至有些人更是谈失败而色变;其实失败并不可耻,真正可耻的,是不承认自己有过失败经历的人。因为在人生旅途上,失败是正常的,不失败才是不正常的,重要的是你面对失败的态度是什么,是否能够反败为胜。如果你因为一时的失败便一蹶不振,那么可以说,不是失败打垮了你,而是你那颗失败的心把你自己打倒了。

"失败是成功之母!"所有渴望成功的人,都必须做好随时迎接失败的准备。不付出代价的成功是不存在的,你要想有所收获就必须充满勇气,这种勇气就是如何坦然面对失败的勇气。你要知道,失败对于一个人来说,是一种非常重要的财富,你如何珍惜这种财富,将成为你决定自己未来的先决条件。

失败是金钱和时间的试验剂,如果不能充分利用这个试验剂的话,那么你就无法成为成功者。无论什么样的失败,只要你跌倒后又能马上爬起来,跌倒的教训就会成为有益的经验,帮助你取得未来的成功。

如果你能够把失败当成人生必修的功课之一,那么你就会发现,几乎所有失败的经历,都会给你带来一些意想不到的益处。把失败当作你人生成功的基础,这是你最好的选择。

 你失败过吗? 失败过后,你是怎么做的?

● 专家建议

心理上接受失败;

形成面对失败的正确态度;

学会分析失败的原因;

具体行动,走出失败。

正确对待失败是培养情感、智力的重要内容。在漫长的人生历程中,我们要面对许多挑战,其间有成功的喜悦,更有失败的教训。我们学会勇敢地面对挫折、面对失败,就是学会成功的诀窍!

● **活动超市——志愿者文明岗服务**

　1. "学会承担责任，做负责任的公民"征文活动。

　2. "勇敢伙伴绑腿跑"比赛活动。

　3. 小鬼当家(可以请求家长配合)。

承担公民责任——志愿者文明岗服务

第三课　勇略

——善于反思　直面错误

张一麟(1867－1943)，江苏吴县人。字仲仁，号公绂。曾任徐世昌内阁教育总长，国民参政员。他反对袁世凯复辟称帝，参与营救"七君子"，谴责国民党当局迫害新四军，是著名爱国民主人士。他也是振华女校的校董之一。

民国初年，张一麟复入袁幕，任总统府秘书。袁世凯改国务院为政事堂，下设六局，张一麟被任命为机要局局长。1915年调任教育总长。1916年因不满袁世凯称帝而辞职南归。1921年，创议召开和平会议，会议失败后，不复问政事，闲居苏州。在此期间，曾与张謇组织苏社；与李根源组织吴县善人桥农村改进社，改良农业，兴办教育；与吴荫培等创设吴中保墓会，保护乡里文化遗迹。"九·一八"事变后，张一麟创办《斗报周刊》，署名"江东阿斗"，撰写发刊词，号召民众奋起救亡图存。"一·二八"淞沪抗战爆发，他积极参加各种活动，支援抗战。1936年"七君子"事件发生后，他多方奔走，设法营救。

"八·一三"事变后，张一麟组织抗敌后援会，捐募军需，收容难民，并与李根源着手组织"老子军"，号召全国60岁以上者，前来从军，与侵华日军决一死战，各地耆老闻风响应，轰动全国。后来由于种种原因，"老子军"没有组成，但这一爱国行动，对于鼓舞全国军民同仇敌忾，起到了很大作用。从此，无人不知苏州有个张仲老，而"老子军"之名，也不胫而走，妇幼皆知。淞沪之战，抗战军士多有死伤，张一麟与李根源一起，将抗日烈士遗骸收葬于苏州善人桥，并披麻戴孝，恭送入殡。

苏州沦陷后，张一麟易服扮僧匿居于城西穹窿山穹窿禅寺(即茅蓬寺)、拈花寺等处，安置伤兵，组织抗日。经人力劝后，才最后撤离，由上海取道香港，转赴武汉。后被聘为国民参政会参政员，又随参政会移住重庆。1943年10月，因病逝世于重庆。

何谓勇略

勇略是指勇敢而有谋略。出自于《史记·淮阴侯列传》："勇略震主者身危,而功盖天下者不赏。"但凡勇略之士必能有勇有谋,勇往直前。

有勇无谋是莽夫,无勇之人是懦夫。古今人物,凡成大事者,必然勇谋并具。而作为当代中学生,我们应充分利用自己的智慧,善于反思、正视错误,做一个有勇有谋的人,勇敢面对一切挑战,成就自己的理想。

围绕"善于反思,正视错误"的内涵,讲讲你所知道的古今中外称得上"勇略"的事例。

为何勇略

"勇略"可以让人权衡利弊,冷静反思

在一些人的意识里,反思似乎只是老年人的事情,其实反思对于任何年龄段的人都是必要的,而年轻人更需要反思:走过的路短,很容易出现失误和差错,后面的路长,反思就更有必要、更有价值。

三峡工程大江截流成功,谁对三峡工程的贡献最大? 著名的水利工程学家潘家铮这样回答记者的提问:"那些反对三峡工程的人对三峡工程的贡献最大。"反对者的存在,可以使我们保持清醒理智的头脑,做事更加周全。

经验证明:进步较快的年轻人,必定是善于反思的人,反思能使人走向成熟深邃、臻于完善。希望同学们善于借鉴他人的经验,克服自身经验的局限,在鼓足勇气的同时冷静反思,避免冲动鲁莽,留下遗憾。

"勇略"可以让人直面错误,积极进取

列宁小时候,有一天跟着爸爸、姐姐到姑姑家里做客。姑姑家里的几个表哥、表姐

都很喜欢列宁,列宁也喜欢和他们一起玩。

这天,列宁在房间里玩耍,一不小心打碎了花瓶。姑姑听到响声,赶忙跑到房间里来,瞧瞧出了什么事。她看见花瓶打碎了,就问大家:"孩子们,谁把花瓶打碎了?"表哥、表姐都说:"不是我打碎的。"列宁呢,也跟着说:"不是我打碎的。"他说话的声音很低很低。

结果这一天,列宁心里很难过,因为他说了谎。他晚上回到家躺在床上,想着,想着,忽然哭起来。妈妈问他:"你为什么哭呀?"列宁把自己说谎的事告诉了妈妈。妈妈说:"这不要紧,明天你写封信给姑姑,承认自己说了谎,她一定会原谅你的。"列宁这才安心睡觉。过了几天,邮递员给列宁送来一封信,是姑姑给他写的回信!列宁连忙把信拆开来。姑姑在信上说:你做错了事,敢于承认错误,就是个好孩子。列宁把姑姑的回信给爸爸妈妈看,爸爸妈妈都称赞列宁是个诚实的好孩子。

俗话说,人非圣贤孰能无过。上文把我们带回了列宁的童年,让我们看见了一个同样会犯错误的、真实的列宁,也让我们看见了一个诚实的列宁,一个勇于改正错误和承担责任的列宁。诚然,承认错误是需要勇气的,然而在正视自己错误的同时,就已经完成了对自我言行分析和总结、冷静思考并找出不足的过程,从而能够防止类似错误的发生。而这次错误就转变成一次有价值的经历,因为能够正视自己的错误就是一种有勇有谋的真实写照。

"勇略"可以让人实现预期目标,事半功倍

三国时期,魏国派司马懿挂帅进攻蜀国街亭,诸葛亮派马谡驻守失败。司马懿率兵乘胜直逼西城,诸葛亮无兵迎敌,但沉着镇定,大开城门,自己在城楼上弹琴唱曲。司马懿怀疑设有埋伏,引兵退去。司马懿得知西城是空城回去再战,没想到这时赵云赶回解围,最终大胜司马懿。

诸葛亮的空城计名闻天下。在实际战略中,风险往往与机遇、利益和成功共存,正如俗话所说"不入虎穴,焉得虎子"。空城计的奇巧之处告诉我们:要善于正确、及时地把握对方的战略背景、心理状态、性格特点等,因时、因地、因人以奇异的谋略解除自己的危机。诸葛亮之所以能大胆地以"空城"退敌,就是他能准确地揣摩到司马懿谨慎、多疑而心虚的心理状态,而诸葛亮别出心裁的思维方式,使他成功化解了一时的危局。

可见,勇略是一种心理品质,更是一种人生智慧。它可以最大限度地运用精神力量和物质力量实现预期目的与效果。我们中学生要懂得把握"勇"的分寸,需与谨慎、冷静为伴,智慧地去处理身边的事,达到人格的完善。

● 名言集萃

勇略震主者身危,功盖天下者不赏。　　　　　　　　——司马迁《史记》

勇略今何在?当年亦壮哉。　　　　　　　　　　　——杜甫《上白帝城》

此人既出大言,必有勇略。　　　　　　　　　　　——罗贯中《三国演义》

患难可以试验一个人的品格:非常的境遇方可显出非常的气节;风平浪静的海面,所有船只都可并驱竞胜;命运的铁拳击中要害的时候,只有大勇大智的人才能够处之泰然。　　　　　　　　　　　　　　　　　　　　　　　——莎士比亚

● 成语

有勇有谋　智勇双全　大智大勇

说说还有哪些关于"勇略"的名言警句。讲讲你所知道的古今中外关于"智勇双全"的小故事。

如何勇略

遇事"冷静",思前想后,考虑利弊,切勿心慌匆忙下决定

首先,冷静可以使人正确全面地认识客观事物,找出问题的症结所在。客观事物是不以人的主观而存在的,它具有自己固有的属性,表面的特征不能代替它的本质。

其次,冷静可以使人全面了解事件的缘由,避免主观臆断酿成不良后果。

再次,冷静可以使人更加理清自己的工作思路,在处理问题时不至于偏颇,从而把事情做得恰到好处。黑格尔曾说:"凡一切人世间的事物,财富、荣誉、权力,甚至快乐、痛苦等,皆有其确定的尺度,超过这个尺度就会招致毁灭。"

只有在正确、全面了解事件真相的基础上,通过系统的分析,把握问题的症结所在,

理清处理问题的思路,找出其"关节点",即"确定的尺度",才能使事件始终在可控范围之内而不至于发生质变。这是勇略的基本要素,也是成功的起点。

敢为别人不敢为之事,需要经过慎重考虑

勇敢需要经过自己的深思熟虑,要量力而行。特别是未成年人,无论是生理还是心理上仍不成熟,仍是受社会重点关爱与保护的对象,做任何事情要三思而后行。

● 历史重现

1988年3月13日,一位14岁的优秀少年在熊熊燃烧的烈火中牺牲了,他的名字叫赖宁。那天下午3点左右,8级大风把县城附近一家工厂的电线杆吹倒,造成电线短路,引起了大火。风助火威,火越来越大、烧得越来越远。此时,森林、电视卫星接收站和附近的油库都面临着巨大的危险。赖宁看见后立刻赶到火灾现场。虽然,消防队员曾劝阻大家别往火中硬闯,但赖宁不忍心看到国家财产遭到严重损失,依然奋不顾身去扑火。大火终于扑灭了,但赖宁却牺牲了。

● 资料链接

记者采访了最早报道赖宁英勇事迹的青少年研究专家孙云晓。

记者:您希望现在的青年如何去学习赖宁呢?

孙云晓:我会告诉每一个孩子,不要学习上山救火的行为,要学习赖宁的远大志向和勇于探索的精神。我个人觉得,赖宁身上的这些优秀品质,恰恰也是很多当代青少年所缺乏的。因此,我们今天仍然应该重新去认识和学习赖宁,而不是去简单地效仿或否认。

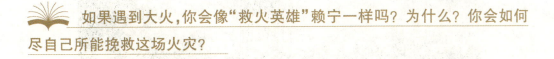

如果遇到大火,你会像"救火英雄"赖宁一样吗?为什么?你会如何尽自己所能挽救这场火灾?

学会用法律保护自己

当一个17岁的孩子面对6名穷凶极恶的持刀歹徒,挺身而出与歹徒英勇搏斗时,你是为之喝彩还是为他的生命安全担忧?某家报纸《勇少年挺身斗歹徒》一文报道了成都市21中17岁的学生戴剑文见义勇为的英勇事迹后,在市民中引起强烈反响,一场

中学生该不该见义勇为的大讨论在戴剑文所在的学校激烈地展开,鼓励和反对中学生见义勇为的两种观点针锋相对。

戴剑文所在 21 中校长袁松德称,这是一个用身边人、身边事对学生进行思想品德教育的极好教材,学校鼓励这种和歹徒作斗争的英勇精神,校方已在全校表彰戴剑文,并掀起了"学戴剑文同学,做见义勇为的好学生"的活动。该校德育处主任胥从平说,学校不仅从精神上奖励这种见义勇为的行为,而且还要给学生颁发荣誉证书和奖金。更重要的是,戴剑文的事迹可以教育学生不仅要勇于斗争,而且要善于斗争,即在人身安全不受到威胁的情况下和歹徒斗智斗勇。该校一直都注重对学生的安全教育、法制教育和自我保护意识教育,要求学生遇到危险时,首先要拨打 110 报警,或者向路人、老师求救等。

应不应该提倡少年儿童见义勇为?成都守民律师事务所律师朱宁认为,戴剑文当时完全可以报警,由警方出面制止犯罪,捕获犯罪分子。见义勇为的本质也是为了保护生命和财产安全,如果学生受到无谓的伤害,见义勇为的实际效果也就大打折扣。因此,不应该鼓励中小学生超出能力范围的见义勇为。通过法律手段保护自己,这才是有勇有谋的体现。

如果你在路上遇到歹徒抢劫,你会上前与他们展开正面搏斗吗?你觉得如何解决此事更合适?请举例说明。

● **活动超市**

1. 真心话大冒险——班级管理大讨论。
2. 超越自我拓展活动。

超越自我拓展活动

同学们，读完这本书，你有何感悟？不妨写下来和大家分享一下。